PARIS HISTORIQUE

Arcis-sur-Aube. — Imp. L. Frémont.

CH. VIRMAITRE

PARIS HISTORIQUE

A. CHARLES, Libraire

8, RUE MONSIEUR-LE-PRINCE, 8

PARIS

AVIS DE L'ÉDITEUR

Il est matériellement impossible, à moins d'avoir une fortune et beaucoup de temps à perdre, à ceux qui veulent étudier l'ancien Paris, de retrouver les cent cinquante volumes publiés sur ce sujet depuis 1552 ; la plupart, d'ailleurs, n'existent plus qu'à la bibliothèque, et encore !

J'ai pensé qu'en condensant dans un volume, sous ce titre : *Paris-historique.* Tout le *Paris disparu, Boulevards, Rues, Ruelles, Places, Carrefours, Culs-de-sac, Théâtres, Concerts, Hôtels particuliers, Monuments, Cabarets célèbres, Églises, Chapelles, Maisons, Collèges, Portes, Ponts* et tous les *types de la rue,* le lecteur pourrait, d'un seul coup, embrasser une période de plus de dix siècles jusqu'en 1895.

Le Paris ancien est fertile : tous les artistes les plus éminents du monde ont concouru à sa gloire et à sa grandeur ; le faire revivre, sous un petit format, à la portée de tous, c'est dire que chacun voudra le posséder dans sa bibliothèque.

Au XVIIIe siècle, Paris comptait 110,000 habitants ; au XIXe, il en compte 2,447,957 ; on peut juger de ce qu'il a fallu faire disparaître pour faire place à ces 2,447,957 nouveaux Parisiens.

A. CHARLES.

PARIS HISTORIQUE

I

Paris.

En 1552, seulement, on s'occupa de rechercher les origines de Paris ; le premier volume publié sur ce sujet avait pour titre : *La fleur des antiquités et excellences de la plus noble et triomphante ville et cité de Paris, capitale du royaume de France.*

En 1607, Pierre Bonfons publia : *Les fastes antiquités et choses les plus remarquables de Paris.*

En 1775, Jaillot compléta les auteurs précédents : *Dubreul, Malingre, Sauval, Delamarre, Félicien, Dom Lobineau* et *Sainte-Foix.*

Ce ne fut qu'en 1555 que les actes publics commencèrent à être écrits en français.

Il a fallu dix-huit siècles pour que *Lutèce,* longtemps renfermée dans l'*île des corbeaux,* devint le Paris moderne. Paris est intimement lié à l'histoire de France ; il faudrait la vie entière d'un bénédictin pour en écrire l'histoire si tourmentée. Chaque rue, chaque monument, en disparaissant, emporte avec ses pierres l'histoire des mœurs et des coutumes des générations qui se sont succédées en se civilisant.

Au XIIIe siècle, Paris comptait, d'après Guillot, 309 rues.

Au XVIIIe siècle, Paris en avait 989.

Au XIXe, en 1895, Paris possède 3,499 rues, passages, avenues, ruelles, impasses, cités, boulevards et places.

Les rues de Paris, furent créées au hazard, par le caprice et suivant les besoins des propriétaires. Telle rue, appartenant à tel seigneur ou gros bourgeois, payait ou ne payait pas d'impôt; c'était le gâchis, le désordre, le régime du bon vouloir et jamais du bon sens.

Les rues n'avaient pas de dénominations fixes : la rue de la Calandre, par exemple, est désignée dans les anciennes chartes par cette phrase : *rue par laquelle on va du Petit-Pont à la place Saint-Michel.*

Le peuple, plus concis, leur donnait le nom d'une enseigne ou en mémoire d'un fait remarquable.

C'est à Philippe-Auguste que l'on doit le pavage des rues de Paris.

Un règlement obligeait les bourgeois de Paris d'entretenir à leurs frais le pavé de la voie publique. Il faut croire qu'ils n'en tenaient guère compte, car une ordonnance de Charles V (1388) dit que : *les pavements des chaussées sont moult empiriés et tellement déchus en ruine et dommagiés que en plusieurs lieux l'on ne peut aller à cheval ni à charroi sans très grands périls et inconvénients.*

En 1728, le 17 janvier, pour la première fois, on apposa, au coin de chaque rue, son nom sur une plaque de fer-blanc.

En 1783, une loi fut rendue concernant les

alignements et les ouvertures des rues de Paris.

En 1784, par lettres patentes du roi Louis XIV, la hauteur des maisons de Paris fut règlementée.

Sous la domination romaine, le général Labienus attaqua les Parisiens qui avaient à leur tête le vieux Camulogène ; alors l'enceinte de Lutèce était la cité, une seule tour en gardait l'entrée.

Au XIIe siècle, on construisit une nouvelle enceinte, elle faisait le tour de la ville, cinq cents tourelles la protégeaient ; on pouvait la franchir par treize poternes.

En 1356, lors de la première invasion anglaise, un vaste fossé fut creusé en avant des murailles qui furent surélevées.

Sous Charles V, l'enceinte engloba les faubourgs du Temple, Saint-Martin, Saint-Denis et Saint-Honoré.

Sous Louis XIII, l'enceinte fut transportée au nord, sur la ligne actuelle de nos boulevards.

Les murs d'octroi étaient juste au milieu des boulevards Clichy, Rochechouart, de la Chapelle, de la Villette, de Belleville, etc., etc., ils furent bâtis en 1782 et démolis en 1862.

Jusqu'au règne de Louis XIV, il fallait que les propriétaires ou les locataires du premier étage missent sur leur fenêtre une lanterne garnie d'une chandelle allumée.

Louis XIV autorisa l'abbé Matherot de Preigney, qui s'associa à Bourgeois de Châteaublanc, à éclairer Paris à l'aide des réverbères.

Mercier était si enthousiasmé de ces douze

cents quinquets qu'il disait : «..... Jettaient une lumière vive et durable. »

Cinquante ans plus tard, Paris était éclairé par onze mille huit cents becs.

Aujourd'hui, on en compte plus de cinquante-cinq mille sans l'électricité.

Jusqu'en 1793, les maisons n'avaient pas de numéros ; on les désignait par le voisinage d'une enseigne ou d'un monument ; le numérotage des maisons ne fut organisé qu'en l'an XIII, le 15 pluviôse, les numeros pairs du côté droit, les numéros impairs de l'autre, en commençant toujours par la Seine.

Paris occupe une superficie de 7,802 arpents.

II

Le Quartier Latin.

Le pays latin était, jusqu'en 1848, composé d'une partie des quatre quartiers de la *place Maubert*, de *Saint-Benoît*, ou de *Saint-Jacques*, de *Saint-André-des-Arts*, et de *Saint-Germain-des-Prés*.

Le quartier de la place Maubert était borné à l'ouest par les extrémités des faubourgs, au septentrion par les quais de la *Tournelle* et de Saint-Bernard, à l'occident par la rue du pavé de la place Maubert, le marché de la place Maubert, la montagne de Sainte-Geneviève et par les rues Bordet, Mouffetard et de Lourcine, au midi par l'extrémité du boulevard Saint-Marcel.

Le quartier *Saint-Benoît* ou de *Saint-Jacques* était borné à l'ouest par le marché de la place Maubert, la montagne Sainte-Geneviève, les rues Bordet, Mouffetard et de Lourcine, au septentrion par la Seine, à l'occident par les rues du Petit-Pont et Saint-Jacques, au midi par l'extrémité du faubourg Saint-Jacques jusqu'à la rue de Lourcine.

Le quartier *Saint-André-des-Arts* était borné à l'ouest par les rues du Petit-Pont et de Saint-Jacques, au septentrion par la Seine depuis le petit Châtelet jusqu'au coin de la rue Dauphine, au midi par les rues neuves des fossés Saint-Germain, des Francs-Bourgeois, Saint-Marcel (aujourd'hui rue Monsieur-le-Prince) et des fossés Saint-Michel ou de Saint-Hyacinthe jusqu'au coin des rues Saint-Jacques et Saint-Thomas.

Le quartier *Saint-Germain-des-Prés* était borné à l'ouest par la rue Dauphine, de Bussy, du Four et de la Seine, au septentrion par la Seine, le Pont-Royal et l'île des Cygnes, à l'occident et au midi par l'extrémité du faubourg, depuis la Seine jusqu'à la rue de Sève (Sèvres).

Le quartier de la place Maubert était sur le plan de Paris le xvɪᵉ, celui de Saint-Benoît ou de Saint-Jacques le xvɪɪᵉ, celui de Saint-André-des-Arts le xvɪɪɪᵉ et celui de Saint-Germain-des-Prés le xxᵉ.

Le vieux quartier latin, jusqu'en 1862, était composé de rues boueuses, tortueuses, montueuses, étroites, pavées de grès énormes ; le vieux pavé de Philippe-Auguste, usé par l'action des siècles et le piétinement de cinquante générations, les passants glissaient à chaque pas ou trébuchaient dans les tas d'immondices qui s'étalaient sans façon jusque sur les trottoirs où deux piétons ne pouvaient marcher de front, sans bousculer les étalages des bouquinistes et des marchands d'images d'Épinal, surtout dans la rue Saint-Jacques qui en était peuplée.

Au milieu des rues circulait un ruisseau à ciel ouvert, roulant des eaux fétides, grasses, dégoûtantes, le résidu des eaux ménagères qui venaient s'y déverser des plombs voisins, ces eaux étaient mélangées au contenu des vases nocturnes, que les riverains vidaient à toute heure du jour sans se soucier du liquide ou du solide ; étaient de véritables cloaques. Un poète naturaliste, seul, eut été capable d'en chanter « le doux murmure ». Suivant une vieille locution : On en prenait plus avec son nez qu'avec une pelle !

A certaines heures du jour, les ruisseaux étaient envahis par une armée de *ravageurs*, pieds nus, en manches de chemise, retroussés jusqu'aux coudes (quand ils avaient des chemises); à l'aide d'un croc en fer, ils ramassaient les résidus qu'ils lavaient dans une sébile de bois, pour en extraire les boutons, les clous et les épingles ; ils éclaboussaient les passants. Malheur à ceux qui se seraient aventurés dans ces parages en robes fond blanc ou en pantalons de nankin !

Les maisons à allées sombres, humides, sans lumière, à qui le soleil n'avait jamais rendu visite dans sa course quotidienne, profondes comme des cavernes, peuplées comme des casernes, s'appuyaient les unes sur les autres comme si elles avaient été repoussées par un chaos souterrain. Elles se soutenaient mutuellement, comme deux ivrognes, pour ne pas perdre l'équilibre ; elles étaient si vieilles, si lézardées que l'on ne pouvait les regarder sans frémir.

Que reste-t-il de la rue Saint-Jacques ?

Bien peu de choses. Les messageries de Laval étaient au *Lion ferré* ; la première imprimerie fut établie dans cette rue en 1473 par Martin, Michel et Ulrich Géring, trois frères venus de Constance et qui ouvrirent leur atelier dans la maison du *Soleil d'Or* ; trois ans auparavant des docteurs de la Sorbonne avaient fait venir des presses à la Sorbonne sur lesquelles on imprima quelques ouvrages tels que : Les *Lettres de Gasparin de Bergame*, l'*Abrégé de Tite-Live, Salluste,* la *Rhétorique de Fichet*. Le premier ouvrage sorti de l'imprimerie de la rue Saint-Jacques fut le *Speculum vitæ humanæ* de Rodrigues, évêque de Namur ; le second fut la *Bible*.

La rue Galande, qui date de 1202, fut percée sur le *clos Galande* qui n'était qu'un clos de vignes, fournissant, paraît-il, un excellent petit vin ; promptement des maisons s'élevèrent et la rue devint le centre d'une foule d'industries excentriques ; les marchands d'eaux-de-vie criaient : *Brandevin* et les *dragées au bout,* les marchands de jonchées d'herbes fraîches : de *ma belle herbe, anis fleuri ;* les cureurs de puits ; *Esgadouarts :* les chiffonniers demandaient à acheter : la *cotte* et la chappe, vieux chapeaux, vieux houseaux. La rue Galande aboutissait place Maubert, à *la Maube ;* un peu plus haut la rue des Lavandières, un des moins mauvais lieux de Paris au moyen âge.

Guillot, dans son *Dict. des rues de Paris,* nous parle ainsi de la rue des Lavandières :

> Ou plusieurs dames por louier
> Font souvent battre leurs cartiers.

Les blanchisseuses d'alors jouissaient, comme celles d'aujourd'hui, d'une assez mauvaise réputation.

Il existe un vieux proverbe : Un avocat dans une ville, un noyer dans une vigne, un pourceau dans un blé, une taupe dans un pré, un sergent dans un bourg, c'est pour achever de tout gâter.

Près du clos Galande, il y avait une allée de noyers, qui aboutissait au clos Bruneau ; une rue fut ouverte à la place de l'allée, elle prit le nom de *rue des Noyers* en 1692. Les étudiants se réunissaient dans les deux cabarets qui portaient pour enseignes : *Au Petit Panier ; au Loup,* cette rue fut en partie démolie par le boulevard Saint-Germain.

La rue du *Foin-Saint-Jacques,* absorbée par le même boulevard, est dénommée par Guillot, *rue à foin,* en 1332 on la nommait de la *feunerie ;* vers 1400 rue *aux moines de Cernay.* La chambre des imprimeurs et libraires y avait son siège ; la plaque placée sur la porte d'entrée portait : *Ædes Regiæ bibliopolarium et typographorum* (1711).

La rue *des Maçons,* parce que cette confrérie y avait une chapelle sous Louis XI, appartenait par moitié à la paroisse Saint-Séverin et à la paroisse Saint-Benoît. Langlé le père du vaudeviliste habita le fameux hôtel des *Quatre Nations.* Y demeurèrent également : Dulaure, Treilhard, deux conventionnels, Levasseur, le graveur favori de Greuze, Rose, le naturaliste, membre de l'Institut.

Rue de la Sorbonne, juste en face, était Flicoteaux, le célèbre Borgia qui eut l'honneur d'être chanté par Alfred de Musset :

J'ai vu chez Flicoteaux, ce piteux personnage.

Il occupait l'un des bâtiments de l'ancien collège des Trésoriers, à l'angle de la rue des Maçons et de la rue Neuve-Richelieu.

Rue Saint-Jean-de-Beauvais, le grand Estienne habita au n° 18, à l'enseigne de l'*Olivier;* François Ier et sa sœur Marguerite vinrent lui rendre visite. Toute la dynastie des Estienne demeura au même endroit depuis 1500 jusqu'en 1674 ; en 1690, M. de la Courtière y donna des conférences sur la philosophie ; l'hôtel de la *Tête Noire* et le cabaret de la *Pomme de Pin* étaient fréquentés par les étudiants.

La *rue Jacob* eut aussi des hôtes célèbres. Sterne habita en 1767 l'*Hôtel moderne;* il avait déjà publié *Tristram Schandy,* il y prépara son *Voyage sentimental.* Il existe encore dans cette rue des hôtelleries qui datent du XVIe siècle.

Que de souvenirs éveillent la *Montagne Sainte-Geneviève,* le *mont de Paris,* comme l'appelaient nos pères ; ce fut le capitole du pays latin.

Sur l'emplacement d'un ancien temple de Diane, Clovis, le conquérant des Gaules, fit bâtir une basilique que les Normands dévastèrent à plusieurs reprises ; en 847 l'église fut brûlée par les Danois ; la tour, à moitié rasée, fut reconstruite telle que nous la voyons aujourd'hui, ce fut à cette tour d'où l'on voit à la fois l'espace et le temps, que vint s'adosser la chaire d'Abélard, qu'entourait tout un peuple d'écoliers, de prêtres, de bourgeois, parmi lesquels, au dire d'un historien, vingt cardinaux, quarante évêques, venaient entendre, au milieu des vignes

et des vergers, l'éloquente, fière et hautaine
parole du maître qui, dans ses hardies leçons
sur la liberté de la pensée humaine, en revendi-
quait les droits pour la première fois; « ce fut du
pied de cette tour, dit Michelet, que toutes les
écoles modernes descendirent comme du Sinaï
et inondèrent l'Europe se ruant à l'assaut de la
scolastique. »

« La révolution de l'esprit, la révolution de
l'épée, Arnaud de Brescia, Barberousse et les
juristes eux-mêmes, tout en plaidant pour l'Empereur, n'eurent de base que le libre arbitre
parti de la tour d'Abélard. »

C'est dans cette tour, détruite en partie par la
foudre, en 1483, que le savant docteur Jean
Standoutht, le deuxième fondateur du terrible
et démocratique collège, de Montaigu alors
marmiton à Sainte-Geneviève, étudiait faute
d'huile, au clair de la lune.

La rue de l'*Allemandier* se nomma primitivement rue des *Allemandiers,* plus tard rue des
Amandiers, rue des *Amandiers-Sainte-Geneviève,*
et enfin aujourd'hui *rue Laplace.* Jean de Meung,
dit Clopinel, parce qu'il boîtait, y demeura vers
1300, chez un pâtissier, à l'enseigne de *la Tal-
mouse;* ce fut là qu'il continua le célèbre *Roman
de la rose,* commencé par Guillaume de Lorris.

Clopinel disait aux femmes de son temps :

> Toutes vous êtes ou vous fûtes
> De fait, ou de volonté putes.

Le général Pichegru, au mois de janvier 1804,
se réfugia rue des Amandiers chez un nommé

Leblanc, qui le trahit et le fit arrêter rue Chabannais.

La plus curieuse du pays latin, était la *rue de la Harpe*. Le pâtissier Mignot y était établi en face la rue Percée. Boileau éreinta Mignot et ses biscuits qui jouissaient d'une grande renommée. Mignot fit faire une réponse par l'abbé Cotin, dans laquelle il enveloppait ses biscuits, cette réponse lui fit faire fortune.

Les messageries de Laval et celles de Chartres avaient leurs bureaux à la *Croix de Fer*, dans les Thermes de Jules César ; sur le sommet était un jardin, dans lequel on accédait par le quatrième étage de l'hôtel de Cluni.

On rencontrait dans la même rue, à quelques pas plus loin, les messageries de Rennes ; à la *Croix Rouge*, celles de Saumur, d'Angers, de Nantes ; à l'image *Saint-Eustache*, dans le milieu de la rue, était la maison de Jean Fernel, médecin du roi Henri II ; elle était assurément le plus beau spécimen de l'art gothique à Paris.

Les jours où les diligences arrivaient, la rue de la Harpe présentait un coup d'œil des plus pittoresques ; les postillons enrubannés faisaient claquer leur fouet, les chevaux harassés, couverts de sueur et de poussière, hennissaient de joie d'être arrivés au terme d'un long voyage, les lourdes voitures s'engouffraient dans la cour de l'auberge, qu'une foule curieuse encombrait aussitôt, avide de contempler la « tête » des nouveaux débarqués, leur ahurissement au milieu de ce brouhaha, de ce va-et-vient qui contrastait si

fort avec le calme de leur ville natale, leur tenue,
de provincial endimanché, gauches, timides, ils
semblaient quêter à droite et à gauche un regard
bienveillant parmi la foule des anciens qui
gouaillaient.

Un établissement curieux fut un café qui était
situé auprès des Thermes, on lisait en grosses
lettres sur le mur : *Tabac gratis*. L'industriel avait
sans doute espéré, en fournissant gratuitement
ce produit, exciter la soif des visiteurs et fournir de nombreuses consommations aux étudiants ; les habitués avaient malheureusement le
palais récalcitrant, le vaste pot à tabac s'épui-
sait rapidement et les consommations n'augmentaient pas. L'établissement ne dura pas
longtemps et le cafetier vit son espoir s'envoler
en fumée comme son tabac !

En 1714, le bureau des apothicaires était rue
de la *Huchette*, à l'*Image de la Lamproie ;* l'enseigne
représentait *une lamproie sur le gril.* L'abbé Pre-
vost composa dans un cabaret de la rue de la
Huchette, *Manon Lescaut,* Petit-Radel, docteur
régent de la Faculté de médecine de Paris, faisait un cours d'anatomie au n° 12.

La *rue Gerson* se nomma primitivement *rue
Coup-de-Trique* et plus tard rue des *Poiriers ;* ce
nom de *coup de trique* lui venait en souvenir
des batailles que se livraient entre eux les écoliers. Elle commençait à la rue Saint-Jacques et
aboutissait à la rue des Cordiers en retour
d'équerre ; ce fut dans cette petite rue que Pascal

écrivit dans une misérable chambre : *les Provinciales.*

Ses livres brûlés, sans ressources, sans crédit, on voulut l'expulser ; c'est alors qu'il lança cette énergique apostrophe : « On a bien délogé des gens de Sorbonne, on a jeté hors France bien des jésuites, cela ne me délogera pas de chez moi. »

La *rue des Cordiers* était une des plus vieilles du quartier latin : l'hôtel de Saint-Quentin était situé au n° 4, cet hôtel, misérable d'aspect, dont les chambres délabrées avaient pour plafonds d'énormes poutres de chêne, grossièrement équarries par les charpentiers du moyen-âge, un escalier à balustres de bois donnait accès aux étages supérieurs. Cet hôtel fut successivement habité par Mably, Gresset, Condillac, Leibnitz, J.-J. Rousseau, etc., etc.

J.-J. Rousseau, se souvenant de l'hôtel Saint-Quentin, dit au livre VII de *ses Confessions :* « Sur une adresse que m'avait donné M. Bordes, j'allais loger à l'hôtel Saint-Quentin, proche de la Sorbonne, rue des Cordiers ; vilaine rue, vilain hôtel, vilaine chambre, mais où cependant avaient logé des hommes de génie... »

Au mois de juillet 1745, l'auteur du *Contrat social* revint au vilain hôtel, de la vilaine rue de Cordiers. Vous savez, écrivait-il alors à Raguin, que j'ai entrepris un ouvrage sur lequel je fondais des ressources suffisantes pour m'acquitter ; il traînait si fort en longueur que je suis déterminé à venir m'emprisonner à l'hôtel Saint-Quentin. »

Après la mort de l'illustre philosophe, le propriétaire changea son enseigne sur laquelle il mit : *Hôtel-Jean-Jacques-Rousseau*.

Georges Sand, J. Sandeau, Hégésippe Moreau, Gustave Planche, habitèrent cet hôtel à différentes époques.

Un peu plus loin que l'hôtel, au XVIe siècle, on rencontrait la boutique de Robert, gargotier célèbre alors, il donnait à manger pour 12 et 16 sols.

Son père Robert, le célèbre fabricant d'andouilles sous Louis XIV, était établi rue de la Montagne-Sainte-Geneviève, à l'enseigne de *la Hure*.

Le *Cochon fidèle* était établi au n° 20 de la rue des Cordiers; les murs étaient couverts de pochades peintes par Flameng, Courbet, Arnould, Beyle et d'autres devenus célèbres.

Les bancs étaient en noyer ciré ; les brocs, cerclés de cuivre poli, s'étalaient sur le comptoir en compagnie des verres grands à contenir une chopine. Le tavernier, le père Armand, était un bonhomme épatant, le véritable type du mastroquet 1830, court, bedonnant, la figure ronde, ornée d'un nez rubicond, qui indiquait qu'il ne suçait pas de la glace; son énorme ventre ceint du tablier traditionnel, c'était un original à faire encadrer ; à l'occasion il y allait de sa petite chanson, à boire, naturellement.

Bien des « arrivés » doivent au père Armand leur situation ; tout en grondant il avançait le prix des inscriptions et, quand un affamé se présentait, il lui disait brutalement : Si tu ne t'étais pas tant saoulé, t'aurais de l'argent pour manger ; allons, mets-toi là en face de moi.

Quand, bien repu, il partait, le père Armand lui serrait la main en lui disant : A demain, mon vieux.

En face Louis-le-Grand existait la célèbre boutique de la mère *Mansut,* une bouquiniste extraordinaire : sa boutique sans devanture, sans fenêtre, sans portes, sans rayons, sans casiers, était ouverte à tous les vents ; les volumes, par milliers, étaient entassés sur le sol ; le désordre était si grand qu'un chat n'y aurait pas trouvé ses petits ; ce désordre n'était qu'apparent, car, lorsqu'un client se présentait, elle n'était jamais embarrassée : elle se couchait tout de son long sur le tas de bouquins, fouillait dans la masse, s'aidant de ses pieds et de ses mains et trouvait en un instant le livre demandé.

Détail amusant : la boutique était tellement encombrée que la mère Mansut faisait sa cuisine et sa toilette dans la rue ; il est vrai de dire qu'à cette époque elle ne craignait pas d'être dérangée par les tramways.

En 1596, Nicolas Houël, bourgeois de Paris, épicier et membre de la corporation des apothicaires fonda *rue de l'Arbalète* une maison de *charité* où, comme il est expressément dit dans les statuts de la fondation des orphelins : « ils seraient élevés dans la piété et l'état d'apothicairerie, pour y préparer, fournir et administrer toutes sortes de médicaments et remèdes convenables aux pauvres honteux des villes et faubourgs de Paris. »

Dans le jardin, furent réunies, classées et étiquetées toutes sortes de plantes médicinales tant indigènes qu'exotiques. Ce jardin botanique, établi sur le modèle du jardin de Padoue, fut le premier créé en France.

En 1627, cette maison, après avoir été l'hôtel des Invalides, devint chef-lieu du bureau de la communauté professionnelle des épiciers apothicaires.

C'était une corporation d'élite qui prenait rang immédiatement après celle des drapiers; elle seule avait le monopole du commerce des épices, à l'époque ou la cannelle et le poivre étaient de précieuses raretés.

Cette corporation, riche et puissante, comprenait quatre corps d'état comme les quatre facultés de la Sorbonne : les apothicaires, droguistes, confiseurs et épiciers; c'est de cette officine que sont sorties toutes ces compositions fantastiques, ces mixtures inénarrables, ces remèdes étourdissants où se combinaient dans un agréable mélange, des yeux de crapaud, des racines de mandragore, des têtes de vipère, du fiel de bouc, de l'urine de chat et du sang de chauve-souris recueilli au premier quartier de la lune.

Le 13 avril 1777, fut créé le collège de pharmacie. Un arrêté des consuls organisa l'Ecole de pharmacie et l'installa dans ces bâtiments qui, menaçant ruines, furent abandonnés en 1880.

La nouvelle école est boulevard Saint-Michel, elle fut inaugurée en 1886.

Un liquoriste situé au coin de la *rue des Grès,* dans l'espace occupé aujourd'hui par la rue de Cluny, avait pour enseigne : *Aux Enfants du Prado.*

Sa boutique était une baraque en planches large de six pieds, longue de douze et haute de huit.

Tout l'ameublement se composait d'une grande table en bois blanc et d'une douzaine de tabourets de pailles. Particularité bizarre, un vieux lit à bateau garni d'une horrible paillasse, était placé à droite de la salle ; quand tous les buveurs étaient ivres, au fur et à mesure que l'un d'eux glissait sous la table, le patron, un hercule, l'empoignait et le jetait sur le lit. Quelquefois vingt ou vingt-cinq ivrognes gisaient sur la paillasse, ronflant à qui mieux mieux. Cette scène de Callot était éclairée par une chandelle fichée dans le goulot d'une bouteille égueulée.

Un pâtissier de la rue de la Harpe et un gargotier son voisin, à l'enseigne du *Bœuf furieux,* essayèrent de faire revivre les *Enfants du Prado* de la *rue des Grès.* Parmi les habitués on comptait : Schaunard, Tête de grenouille, la Chartreuse, Frontispice, Barbe rouge, Tête de veau, Tartempion, Rogaillot et autres noctambules célèbres alors.

A l'exception de Schaunard, des illustres

inconnus qui composaient ce cénacle, il ne reste plus que le souvenir.

La *Physiologie de l'Etudiant,* publiée en 1841, nous apprend qu'un cuisinier ingénieux de la rue Saint-Jacques, dans un veau décédé avant d'avoir vu le jour, trouvait d'abord des *côtelettes,* du *filet de bœuf,* des *pieds de mouton,* du *filet de chevreuil,* une *fricassée de poulet,* un *salmis de canard,* du *thon à la sauce verte* et même des *écrevisses* et des *champignons.*

J'oubliais le *veau piqué,* le régal des sybarites; on peut dire que c'était du veau à tout faire!

En 1848, il y eut rue Racine, une gargote des plus curieuses ; elle se nommait : *les cuisiniers réunis.* Daumier les avait baptisés plaisamment : *les cuisiniers saucialistes ;* ils se prenaient au sérieux comme hommes politiques, à tel point qu'on aurait flanqué à la porte le malappris qui se serait permis d'appeler un servant sans lui dire: « citoyen. » Comme la clientèle n'était composée que d'étudiants nouvellement débarqués, on devine leur ahurissement lorsqu'ils entendaient crier :

— Enlevez l'andouille du citoyen !

— Que désire le citoyen ? Nous avons de tout depuis le Châteaubriand jusqu'au sou de frites !

Et tout cela sans rire et sans tablier, car le tablier est l'emblème du servage et aurait porté atteinte à la dignité *des citoyens-cuisiniers-saucialistes.*

Cette gargote disparut pour cause d'égalité, chacun voulant être le maître !

Dans la *rue des Mathurins* existaient deux vastes hôtels : l'Hôtel du Midi et l'Hôtel de la Loire, deux caravansérails, véritables tours de Babel, où l'on entendait parler toutes les langues connues et mêmes inconnues. Dans leurs modestes chambres passèrent toutes les illustrations de la France depuis 1700 jusqu'en 1862.

L'Université jouissait de si grands privilèges, qu'en 1771 on voyait encore au coin de la rue des Mathurins une plaque de cuivre sur laquelle était gravée l'épitaphe de Moussu et d'Olivier Bourgeois, deux écoliers qui avaient été pendus à Montfaucon par sentence du prévôt de Paris, sentence rendue contre les privilèges de l'Université.

L'Université obtint satisfaction de cet attentat. Le prévôt, après quatre mois que les cadavres pendaient au gibet, fut obligé d'aller les chercher, de les baiser à la joue et de les ramener aux Mathurins.

L'emplacement sur lequel la *rue Guénégaud* a été ouverte, était occupé autrefois par l'Hôtel de Nesle. Philippe le Bel acheta en 1308, à Amaury de Nesle, cet hôtel sur lequel fut faite une légende qui a traversé les siècles ; ce fut Brantôme qui en parla le premier, sans y ajouter grand foi. Villon en parlait ainsi, en 1461, dans sa ballade aux dames :

> Où est la reine
> Qui commanda que Buridan
> Fût jeté en un sac en Seine ?

Jean Buridan, né à Béthune, en Artois, était

célèbre dans l'Université de Paris dès l'an 1327 ; s'il fut jeté en Seine, il ne se noya pas, car il vivait en 1348.

Ce fut à l'Hôtel de Nesle qu'Henriette de Clèves, femme du duc de Nevers, apporta la tête de Coconas, son amant, qu'on avait exposée sur un poteau, place de Grève ; elle la fit embaumer et la plaça derrière son lit, dans un cabinet,

En 1891, lorsqu'on bouleversa la rue Montmartre, on découvrit à environ deux mètres de profondeur, une cassette en fer, dans laquelle était une tête embaumée ; la légende aussitôt reparut et on affirma que c'était la tête de Coconas !

III

A travers Paris.

La *rue de la Réale* était, à l'origine, une petite ruelle étroite qui n'avait jamais vu le soleil de sa vie ; elle se nommait primitivement de *la régale* parce que le droit régalien se percevait là. Chacun sait que dans l'antique monarchie ce droit était un des principaux perçus par le souverain à l'occasion de l'ennoblissement des vilains.

La *rue Montorgueil* ne s'est pas toujours étendue de la rue des Petits-Carreaux jusqu'à la pointe Saint-Eustache ; elle a été longtemps coupée et traversée par une porte de la ville, entre la Cour Pavée et la rue Mauconseil, alors elle portait deux noms : de là, jusqu'aux Petits-Carreaux elle portait le nom de *rue Montorgueil,* jusqu'à la pointe Sainte-Eustache celui de la *rue de la Savaterie* (1253); depuis elle fut nommée *rue du comte d'Artois, rue de la comtesse d'Artois,* et enfin, *rue de la Porte de la comtesse d'Artois,* à cause de la porte et de l'hôtel des comtes d'Artois, situés dans la rue et contre cette porte.

La rue Montorgueil avait une physionomie particulière : sur l'emplacement de la rue Etienne-Marcel se trouvait le *Parc aux huîtres;* à cette époque, jusqu'en 1860, les huîtres ne se vendaient pas par cent, mais bien par bourriches de douze douzaines, l'huître portugaise était inconnue. Le dimanche, la rue Montorgueil présentait une animation extraordinaire : de tous les points les plus éloignés de Paris, les ouvriers accouraient en foule, les plus petites bourses pouvaient s'offrir le luxe d'une douzaine d'huîtres, on les vendait quatre sous la douzaine.

A quelques pas du Parc aux huîtres, au coin de la rue Greneta, il existait un restaurant qui portait pour enseigne : *Au Rocher de Cancale*, fondé par Philippe père ; ce n'était qu'une contrefaçon. Vers 1787, le père Baleine ouvrit, rue Montorgueil, au coin de la rue Mandar, un restaurant qui, à cause du voisinage du Parc aux huîtres, s'intitula : *Au Rocher de Cancale* ; là, se donnèrent les *diners du Vaudeville*, les *dîners du Caveau moderne*, et enfin, quelques années plus tard les *soupers de Momus*, les 20 de chaque mois.

Au père Baleine, succéda Borel, ancien maître d'hôtel de Charles X. Sa clientèle était exclusivement composée de gens de la Cour qui y venaient en compagnie de grandes dames, savourer les poulardes demi-dorées et la tête de veau tortue ; le vin y était reputé autant que celui du *cabaret de la côte de Beaune*.

Ce cabaret était situé *rue au Lard*, construite en 1549. Son nom lui venait des marchands de salaisons qui s'y établirent. Un décret du 21 juin 1854 la supprima, néanmoins il en reste une partie ; par la rue de la Lingerie, on y accède par une voûte ; le cabaret de la *côte de Beaune* fut démoli pour le percement de la rue des Bourdonnais.

La côte de Beaune était renommée pour ses huîtres d'Ostende et son vin blanc sec de Bourgogne.

En 1722, Piron, Rameau, Voltaire et Francisque étaient des fidèles de ce cabaret.

Avant les Halles Centrales, les Halles étaient installées à divers endroits, mais les principales se trouvaient à la place du Square des Innocents et formaient un carré dont la fontaine était le centre ; les marchandes étaient abritées tant bien que mal, sous des auvents en bois, en bordure de la rue de la Ferronnerie ; dans le milieu, elles se groupaient et s'abritaient suivant leur fantaisie. La plupart avaient choisi d'immenses parapluies de calicot, vert, rouge, tricolore, qui formaient un assemblage des plus curieux et pittoresque au possible. Les marchandes n'étaient pas policées comme nous les voyons aujourd'hui ; pour un rien, elles empoignaient les acheteurs ; malheur aux raleuses, elles n'étaient pas nommées poissardes pour rien.

Au pied de la fontaine des Innocents, qui, alors, n'avait que deux marches, il existait un restaurant qu'on avait baptisé : *Restaurant des Pieds humides.*

Ah ! il était admirablement nommé, et la foule des misérables, ses parrains, en savaient quelque chose, quand ils mangeaient la soupe les pieds dans la boue, assis sur un tas d'immondices ou sur la margelle de la fontaine ; quand la pluie tombait à torrents dans l'assiette du malheureux : « Cela allonge le bouillon, disait-il philosophiquement, mais cela ne lui donne pas d'yeux ! »

La soupe coûtait un sou, la portion de légumes, indistinctement, deux sous ; pour trois sous, les riches pouvaient s'offrir un bœuf entrelardé ou un ragoût de mouton ; quant au vin, il était gratis, la fontaine des Innocents ne tarissait jamais.

L'homme au petit manteau bleu venait régulièrement vers les dix heures du matin ; il était généralement attendu par une nuée d'affamés qui, à son arrivée, s'écartaient respectueusement ; il les comptait, puis, sans dire un mot, payait à la gargotière autant de portions qu'il y avait d'hommes ; il se reculait de quelques pas, et, quand ses invités avaient terminé leurs repas, il s'en allait souriant.

Le *Restaurant des Pieds humides* a disparu en 1866, avec les Halles ; le *petit manteau bleu,* dont le vrai nom était Edme Champion, est mort en 1852.

Rue Vide-Gousset. — En novembre 1884, pour le prolongement de la rue Etienne-Marcel qui aboutit à la place des Victoires, il fut procédé à la démolition d'un certain nombre de rues, entre autres de la rue *Vide-Gousset,* une des plus anciennes de Paris.

C'était une rue qui prenait place des Victoires pour aboutir rue Jean-Jacques-Rousseau.

Impossible de rien imaginer de plus sordide ; la rue était si étroite que deux voitures n'y pouvaient passer de front ; elle n'avait pas volé son nom, mais ce n'était pas *rue Vide-Gousset* qu'elle aurait dû s'appeler strictement, mais bien rue du *Vide-Gousset*, parce que, au temps de la Cour des miracles, *Vide-Gousset* signifiait : filou, tire-laine, voleur.

La *rue Vide-Gousset* était au milieu d'un dédale de rues étroites ; les rues Soly, Pagevin, etc., etc. Elle était dangereuse, parce qu'elle se coupait avec elles à angle droit et qu'il était facile aux malfaiteurs de s'embusquer au coin des rues avoisinantes pour détrousser les passants qui s'y aventuraient.

Le voisinage de la *rue Vide-Gousset*, de la Banque et de la Bourse, servit longtemps de cible pour les petits journaux qui imaginaient chaque jour de nouvelles plaisanteries. C'est *rue Vide-Gousset* que Robert Macaire devait établir sa fameuse Banque pour l'exploitation du *Bitume-Bitumineux*.

Barrière du Combat. — Ceux qui passent rue des Buttes-Saint-Chaumont, devant le n° 9, et dont le regard est attiré par un portique en fonte qui semble l'entrée d'une Mosquée, mais qui n'est que l'entrée du dépôt des Petites-Voitures, ne se doutent guère qu'à cet endroit il existait, de 1820 à 1862, un établissement horrible où s'accomplissaient sous les yeux de l'autorité, des actes d'une cruauté et d'une barbarie telle qu'il est impossible d'y croire.

A la place ou se trouvent aujourd'hui les écuries ; au milieu d'un terrain vague, s'élevait une construction en planches, ayant la forme d'une rotonde ; dans l'intérieur, il existait une piste entourée d'une barrière de bois à hauteur d'appui ; un chemin avait été ménagé et formait un pourtour, les privilégiés y prenaient place. Au premier rang, une galerie circulaire pour les spectateurs payants.

Cette espèce d'arène était spécialement réservée aux combats d'animaux de toutes natures, chiens, ânes, ours, mulets et chats.

Les principaux clients de ce spectacle étaient les bouchers qui venaient des abattoirs Rochechouart, Popincourt, du Roule et de Grenelle.

Au milieu de la piste, il existait un mât en fer, garni de crocs formidables ; ces crocs étaient cachés par d'énormes morceaux de viande, qui pendaient, sanglants, laissant tomber leur sang dans la piste ; des chiens bull-dogues étaient dressés à sauter après le mât pour attraper la viande ; quand ils manquaient leur coup, ils restaient accrochés et hurlaient d'une façon épouvantable.

D'autres chiens étaient dressés à se battre entre eux ; de gros paris s'engageaient entre leurs maîtres, et même entre les spectateurs. Chaque chien tenu en laisse par son propriétaire était amené dans l'arène, on les lâchait, alors les pauvres bêtes se précipitaient l'une sur l'autre et s'entre-dévoraient. C'était effroyable d'entendre les applaudissements des tenants du chien vainqueur et les cris de rage des tenants des chiens vaincus. Chacun les excitait : quelquefois l'animal vainqueur ne valait pas

mieux que l'animal vaincu ; tous deux étaien
déchirés, les oreilles arrachées, leurs chairs
pendaient saignantes, les pattes dévorées. Quand
deux chiens étaient dans ce pitoyable état, la
scène changeait de face : on laissait les animaux
agonisants dans l'arène, et les maîtres sortaient
pour continuer le combat.

Souvent on faisait battre des chiens avec des
ours L'ours était muselé, mais de sa patte puissante et de ses griffes formidables, il en éven-
trait plus d'un ; les chiens sautaient après lui et
le mordaient cruellement. L'ours hurlait de
douleur ; pour se débarrasser de ses ennemis, il
se roulait à terre, ses rugissements se mêlaient
aux cris de douleur des chiens qu'il écrasait.
L'ours restait généralement vainqueur, mais dans
quel état !

Le combat le plus cocasse était celui des
chiens et des chats. On lâchait en même temps
les animaux : le chat commençait par être effaré,
il tournait autour de l'arène, bondissait folle-
ment en miaulant à fendre l'âme ; le chien se
précipitait pour le saisir. Aussitôt le chat aper-
cevant le mât, y grimpait rapidement ; le chien
essayait de l'atteindre, mais impossible. Le chat
comprenant l'impuissance de son ennemi, se
mettait tranquillement à manger la viande pen-
due aux crocs.

Le combat le plus terrible était celui du mulet
ou de l'âne avec les chiens ; les chiens ne s'y
fiaient pas, ils essayaient de le saisir au cou,
mais aussitôt que l'âne en voyait un s'élancer, il

lui détachait une ruade qui l'étendait sur le sol.

Lorsque la *Barrière du combat* disparut en 1862, les combats d'animaux cessèrent à la grande joie de la population du quartier, mais aussi au grand désespoir des bouchers et des maquignons.

La *rue aux Fers* existait déjà en 1250, mais sous le nom de *rue au Feure*; les uns disent que ce dernier nom lui venait parce qu'on y vendait du foin et de la paille; d'autres, qu'elle se nommait la rue aux Fers à cause des ferrailleurs qui y étaient établis. Bref, elle fut connue et célèbre sous le nom de rue aux Fers.

La situation de cette rue lui donnait une physionomie toute particulière; le marché des Innocents qui se trouvait en face lui donnait une animation qui contraste singulièrement avec le calme qui y règne aujourd'hui.

De 1830 à 1853, la rue aux Fers fut célèbre dans le monde entier; pas un étranger ne venait à Paris, sans visiter l'établissement de *Paul Niquet*.

Le cabaret était installé au fond d'un long couloir dallé; au bout du couloir, avant de franchir la porte d'entrée, une énorme pancarte prévenait les buveurs qu'on n'entrait pas avec des hottes et des sabots. La salle, dont les murs étaient nus, était presque carrée; tout autour étaient disposées des bancs pour les consommateurs; il va sans dire qu'il n'y avait pas de tables; le sol était dallé et toujours très propre; le comptoir en étain, immense, était au fond, faisant face à la porte d'entrée ; derrière le comptoir il existait une seconde salle, laquelle était garnie de bottes de paille renouvelées chaque semaine ; on ne buvait point de vin ; c'était la *goutte* seule qui était la liqueur favorite des habitués. La *goutte* se nommait de différentes manières : *casse-poitrine, tord-boyaux,* la *jaune,* la *blanche, fil en quatre,* la *consolation* et du *chien-tout pur.*

Le cabaret de Paul Niquet fut décrété d'expropriation le 10 mars 1852 pour parfaire le périmètre des Halles Centrales.

Il fut démoli en 1853.

Chaussée-Ménilmontant. — Elle conduit sur le plateau de Charonne ; elle était de temps immémorial fréquentée par une foule de parisiens qui ne reculaient pas à gravir sa pente rapide pour se rendre aux guinguettes si nombreuses sur sa hauteur. On y buvait un petit vin, produit des vignes dépendant du clos *Guinguet ;* c'est ce qui donna le nom de guinguettes aux endroits où on le débitait. Aujourd'hui encore, par corruption, dans le faubourg, on dit : Allons boire un verre de *guinglet* ou de *ginglard.*

Mesnil signifiait autrefois château. Il y en avait un célèbre au haut de la chaussée ; les piétons n'y parvenaient qu'à grand'peine ; de là le nom *montant* accolé à *Mesnil.*

Tout naturellement, de chaque côté de la chaussée, s'établirent des marchands de vins, des gargotes et des bals.

A droite de la chaussée, au n° 4, un grand bâtiment, haut d'un étage seulement, portait pour enseigne : *Aux Armes de France*. Ce bal eut un immense succès, mais peu à peu il tomba en décadence, du jour où les barrières furent reculées jusqu'aux fortifications.

En remontant la chaussée Ménilmontant, à gauche, on rencontrait le bal des *Grands pavillons*; il avait deux entrées, une sur la chaussée, au n° 27, il fallait descendre vingt-cinq marches pour entrer au bal ; la seconde, de plain-pied, était rue Constantine, aujourd'hui rue des Maronites.

Cette salle fut fermée en 1878.

Au n° 35 de la chaussée était situé le *Galant Jardinier*, au rez-de-chaussée, il y avait un marchand de vins restaurant, au premier un-goguette et dans le jardin, un bal.

La goguette fut célèbre entre toutes. Aux murs étaient appendues de gigantesques lyres en carton, ornées de devises ; chaque assistant avait une petite lyre à sa boutonnière.

Au n° 40, en face la rue des Arts, à quelques pas de l'hôtel où le maréchal de Saxe venait courtiser Mademoiselle Favart, se trouvait le bal des *Barreaux Verts*.

Ce bal disparut en 1869.

La démolition du n° 5 de la *rue Victor-Cousin* pour l'agrandissement de la Sorbonne fit disparaître la *maison du bourreau*, laquelle n'a été mentionnée par aucun historien.

Un vieil usage voulait que *la maison du bourreau* fut toujours située à l'extrémité de la ville ;

elle remplissait ces conditions, car l'enceinte de Philippe-Auguste était à deux pas.

Cette maison était une des plus remarquables de Paris, par ses ornements en fer forgé : la porte était ornée, à sa partie supérieure, de deux haches en fer d'un admirable travail ; à l'intersection se trouvait un médaillon semé de fleurs de lys, et, au beau milieu, un immense personnage conduisant un char rempli de condamnés allant au supplice.

Le Square du Temple, en 1853, fit disparaître ce qui restait de l'ancienne commanderie des Templiers.

Vers 1815, les bâtiments en bordure de la rue du Temple avaient été occupés par les religieuses de l'*Adoration perpétuelle du Saint-Sacrement*. Un décret du Gouvernement provisoire (1848) désafecta le couvent qui fut transformé en caserne.

Le *Carré Saint-Martin*. — La place de l'ancien marché Saint-Martin faisait partie du prieuré de Saint-Martin-des-Champs; là, avaient lieu les duels judiciaires. Cette place servait de champ clos, et les moines de Saint-Martin en tiraient un revenu considérable.

La fureur des duels était poussée à tel point que le roi Louis le Jeune défendit le combat dans les contestations qui s'élevaient pour une somme supérieure à cinq sols parisis, mais cette défense n'eut aucun résultat. Plus tard, saint Louis essaya de détruire cet usage barbare ; son ordonnance ne fut observée que dans les domaines royaux. Les seigneurs l'éludérent dans leurs terres, attendu que cette ordonnance leur enlevait de gros bénéfices.

Lorsqu'il y avait gages de bataille, l'amende à payer par le vaincu roturier était de soixante livres ; cette coutume donna naissance au proverbe devenu fameux : Les battus payent l'amende !

Un demi-siècle n'était pas écoulé depuis la construction du marché Saint-Martin que Napoléon ordonna la création d'un nouvel établissement dans des proportions beaucoup plus étendues. malheureusement, les guerres que le premier Empire eut à soutenir paralysèrent l'exécution de cet utile projet, ce ne fut qu'en 1817 que le marché fut bâti par Petit-Radel. Alors le marché ouvert en 1765 fut abandonné, puis démoli ; et sur les terrains disponibles, l'on ouvrit une voie qui prit le nom de l'Ancien-Marché-Saint-Martin.

Le nouveau marché formait un quadrilatère ; le milieu était orné d'une fontaine, élevée sur les dessins de Gois et ombragée de magnifiques arbres à l'ombre desquels les moutards venaient jouer au sortir de l'école. Les dimanches autour de la fontaine, se tenait le marché aux oiseaux.

Vers 1830, les alentours du marché Saint-Martin furent envahis par les *écureuils.*

Ce surnom bizarre désignait les ouvriers qui venaient là chaque matin attendre d'être embauchés.

De 1830 à 1855, les usines à vapeur étaient

peu nombreuses à Paris ; dans beaucoup de petits ateliers, les tours, les meules, les scieries mécaniques marchaient au moyen d'une roue qu'un homme mettait en mouvement, du matin au soir, de là le nom d'*écureuils*.

Il y en avait quelquefois cent cinquante, deux cents sur le trottoir, appuyés à la grille, par tous les temps ; l'hiver, ils battaient la semelle ; l'été, ils jouaient au bouchon ; la plupart des *écureuils* étaient des déclassés ; j'ai connu deux prêtres, un notaire, un dessinateur de mérite, un grand usinier du faubourg et plusieurs ouvriers qui avaient été « de grosses culottes » dans leur métier, c'est-à-dire réputés pour les plus habiles ; ils étaient tombés à un tel degré d'abrutissement qu'ils exécutaient machinalement leur travail de brute.

C'était un tableau curieux que de voir cette foule, et assurément le passant qui s'arrêtait à la contempler ne se doutait guère qu'il avait devant lui un grand exemple de notre manque d'organisation sociale et un échantillon de tous les vices qui conduisent insensiblement au dernier degré d'abjection.

Les *écureuils* étaient tombés si bas qu'ils n'auraient pas même eu l'énergie de voler ; ils se contentaient au reste de si peu, qu'une somme d'argent leur eût été inutile.

Généralement, les patrons à qui un ouvrier attitré manquait, venaient vers sept heures du matin, en hiver, et six heures en été au, carré Saint-martin ; ils passaient les *écureuils* en revue et faisaient leur choix ; oui, mais l'*écureuil* n'acceptait pas sans s'être auparavant informé « pour combien de temps » ; il ne refusait jamais « un coup de main », en été surtout, c'est que ses besoins étaient limités.

Lorsque la rue Turbigo fut ouverte, elle fit disparaitre plusieurs maisons curieuses de la rue Saint-Martin, une portion de la rue Montgolfier qui bordait l'entrée principale du marché Saint-Mart'n. Dans la maison d'angle, veis 1847, il existait un cabaret à l'*enseigne du Grand roi de Sardaigne*; ce cabaret était tenu par un nommé Baptista, originaire de Turin, qui s'était fait naturaliser français, à preuve, disait-il, qu'il était sapeur dans la garde nationale de Paris ; le fait est qu'il avait une barbe du diable, un maquis noir et épais, un vrai bonnet à poil sous le menton.

Malheureusement, Baptista était un pochard de premier ordre ; il fut pour cela exclut du corps des sapeurs parisiens.

Il en pleura dans sa barbe pendant une semaine ; enfin, à bout de larmes et de dépit, il prit une résolution énergique: il coupa sa barbe et la suspendit au-dessous de son enseigne accompagnée de ce distique :

Ma barbe, puisqu'on te dédaigne,
Je te mets au menton du grand roi de Sardaigne.

L'ouverture de la rue Turbigo fit également disparaitre une partie du passage de la Marmite, de la rue au Maire et la rue Jean-Robert.

Le passage de la Marmite prenait rue des Gravilliers, passait rue Phelipaux et finissait rue Volta.

C'était un des passages les plus grouillants et les plus bruyants de Paris ; un très grand nombre de chaudronniers et de ferblantiers y étaient établis, de là sans doute provenait le nom de passage de la Marmite, car il s'en fabriquait une grande quantité. Billion, le célèbre directeur de l'Ambigu, y avait une fabrique.

Dans la rue Phelipaux, à l'angle du passage, il existait un petit cabaret borgne ; sur le mur de gauche on voyait tout un appareil de rôtisserie, la broche traversait de part en part un lièvre superbe qui, quoique écorché et doré par le feu, ouvrait des yeux grands comme des portes cochères, une de ses pattes était tendue dans la direction de la boutique et de sa gueule s'échappait une banderole sur laquelle on lisait : *Allez voir à côté si j'y cuis !*

La rue au Maire datait de 1280 ; elle devait son nom au *Maire* ou bailli de Saint-Martin-des-Champs qui y demeurait et y donnait ses audiences ; cette rue avait une voûte, à l'entrée de la rue Beaubourg où se trouve aujourd'hui le magasin du Moine-Saint-Martin ; la première crèmerie établie à Paris le fut rue au Maire.

Non loin de la voûte se tenait la marchande de tripes à la mode de Caen ; son matériel se composait d'un éventaire en osier, sur lequel était un petit fourneau supportant une énorme marmite pleine de tripes ; toutes les petites ouvrières du quartier, et les demoiselles du marché du Temple qui arrachaient vos effets pour vous en vendre d'autres, venaient faire queue autour de la marchande.

Un détail particulier : jamais elle ne voulait servir ses pratiques dans une assiette, elle leur enveloppait ses tripes dans un cornet de papier ; comme ça la sauce ne vous étouffera pas, leur disait-elle !

La *mère aux tripes* disparut vers 1863.

La rue Jean-Robert devait son nom à un marchand de cirage qui, vers 1765, vendait son produit dans les rues et sur les places en débitant des calembours ; il est assez curieux de faire remarquer que cent cinquante ans environ plus tard, en 1853, demeurait rue Jean-Robert, depuis 1839, le fameux marchand de cirage du marché des Blancs-Manteaux, connu sous le nom de l'*Homme ciré* ; il était en effet ciré des pieds à la tête, casquette, jaquette, pantalon, chemise tout était d'un noir de jais.

Il ne devint pas propriétaire comme son prédécesseur, toute sa fortune se composait d'un mauvais panier plein de boîtes de différentes grandeurs ; pour attirer les chalands, il se tapait sur les cuisses, il pirouettait sur lui-même et poussait des cris effroyables. Ah ! ah ! sacré nom d'une pipe comme ça reluit dans ma boutique, 2, 3, 4 sous, paf !!!

L'Homme ciré mourut en 1857, à l'hôpital, de chagrin de ne plus pouvoir crier.

La rue Jean-Robert restera célèbre dans l'histoire. Au n° 24, aujourd'hui 18, habitaient un nommé Dubuisson et sa femme ; ils avaient donné asile aux complices de Georges Cadoudal qui avaient su se dérober aux recherches de la police ; Villeneuve et Burban Malabre, dit Burco, étaient recherchés activement. Le fameux commissaire Comminges se doutait qu'ils étaient cachés chez Dubuisson ; il se rendit accompagné d'une escouade de gendarmes rue Jean-Robert, le 4 germinal an XII ; naturellement Dubuisson nia énergiquement avoir chez lui les conspirateurs ; les agents allaient se retirer, lorsque l'un deux déplaça une fontaine qui masquait une cloison, aussitôt il aperçut un filet de lumière. Ils sommèrent Villeneuve et Burban de se rendre ces derniers ne répondirent pas, alors les gendarmes tirèrent dans la cachette et blessèrent Villeneuve ; ils durent se rendre et furent exécutés en compagnie de leurs complices.

Le marché Saint-Martin fut démoli en 1881 pour faire place à l'Ecole Centrale des Arts et Manufactures qui fut terminée en 1885.

Les Tuileries. — Au milieu du quatorzième siècle, le palais des Tuileries n'était encore que l'hôtel des Tuileries. Le nom indique suffisamment l'origine.

Sur l'emplacement d'une fabrique de tuiles, un riche gentilhomme, Pierre des Essarts, avait fait bâtir une maison de plaisance. Un sire de Villeroy en était propriétaire, lorsque François Ier l'acheta pour en faire présent à la duchesse d'Angoulême, sa mère, à laquelle son habitation des Tournelles déplaisait. C'était, du reste, une maîtresse femme, d'humeur changeante, car les Tuileries lui déplurent de même, et elle en céda la jouissance à son maître d'hôtel, Jean Tiercelin. Un peu plus tard, la reine Catherine de Médicis, poussant plus loin encore que la duchesse d'Angoulême, l'horreur des Tournelles, les fit abattre, et vint habiter au Louvre, auprès de ses trois enfants, qui furent rois tour à tour, François Ier, Charles IX et Henri III. Mais Catherine était Florentine ; politique sombre, elle aimait les riants logis.

Charles IX, qui connaissait les goûts de sa mère, et qui n'était pas fâché de l'éloigner un peu de lui, lui offrit l'hôtel et le jardin des Tuileries.

Catherine demanda aussitôt à Philibert Delorme, le plan d'un palais, façade royale, magnifiques jardins, cours immenses, portiques par séries, tout devait porter le cachet de la grandeur et de l'art. Philibert Delorme s'arrêta à la façade ; mais il avait eu le temps d'élever cet attique qui fit dire, deux siècles et demi plus tard, à Châteaubriand : « Architecte ou roi, où me loge-t-on ? Roi, au Louvre. Architecte, dans un attique de Philibert Delorme..... »

Catherine de Médicis trouva que les Tuileries étaient trop lentes à s'élever, et elle se fit bâtir l'hôtel de la reine appelé depuis l'hôtel de Soissons, sur l'emplacement duquel on construisit plus tard la Halle aux blés, qui disparut à son tour pour faire place à la Bourse du commerce.

Les Tuileries furent continuées par Henri IV, embellies par Louis XIII, achevées par Louis XIV, et terminées enfin par Napoléon. Les constructions se succédèrent sans interruption, mais il n'en fut pas de même pour les habitants qui eurent des fortunes diverses.

Les Tuileries furent incendiées par la Commune à l'entrée des troupes de Versailles (mai 1871).

Un square est sur leur emplacement.

Porte Montmartre. — En septembre 1878, il fut procédé à la démolition d'une maison formant saillie, au débouché des rues Notre-Dame-des-Victoires et Saint-Marc-Feydeau, dans la rue Montmartre.

Cette maison avait été construite sur l'emplacement même de la muraille, aboutissant à la troisième porte Montmartre. Les deux premières faisaient partie, l'une, de l'enceinte de Philippe-Auguste, l'autre, de la fortification de Charles V ; elles étaient situées, celle-ci à la hauteur de la rue d'Aboukir, celle-là entre les rues du Jour et Jean-Jacques-Rousseau.

La troisième porte Montmartre datait de 1635, époque où fut construite la nouvelle muraille bastionnée se dirigeant de la porte Saint-Denis vers le pont tournant des Tuileries et la porte de la Conférence. Placée dans la courtine même, près de l'endroit où commençait le flanc du bastion, elle consistait en un bâtiment carré précédé d'un pont-levis et d'un pont dormant composé de plusieurs arches. Il n'existe que

des plans et point de dessins en élévation perspective de cette porte, construite comme celle
de Richelieu, dans le style du temps ; elle avait
sans doute la forme d'un pavillon rectangulaire.
On lit dans le *Supplément aux antiquités* du P. du
Breul, qui porte la date de 1659, la courte mention que voici :

« En l'an 1634, la vieille porte de Montmartre
— celle qui appartenait à l'enceinte de Charles V
— fut abattue et une autre bastie à la portée d'un
mousquet au-delà, fort belle, grande, de pierre
de taille, en forme de grand pavillon couvert
d'ardoises. »

Ce grand pavillon n'eut qu'une courte existence ; il fut démoli vers l'an 1700, après avoir
subsisté 65 ans seulement. Selon l'habitude, on
se borna à raser le bâtiment, et on en laissa les
fondations dans le sol. Elles y furent retrouvées
en 1802, en face des numéros 153 et 162 de la
rue Montmartre, ce qui correspondaient parfaitement à la maison démolie.

En 1888, disparurent une portion de la *rue des
Deux-Portes*, des *Billettes*, de *l'Homme-Armé* et *du
Chaume*, c'étaient les derniers vestiges du fief
des Bretons de la rive droite connu sous le nom
de *Sainte-Croix-de-la-Bretonnerie* depuis la fondation de saint Louis.

Il y avait jadis, à Paris, trois enclos dits de *la
Bretonnerie* parce qu'ils étaient habités par des
Bretons ; deux, dits *la Grande et la Petite Bretonnerie*, étaient situés en haut de la rue Saint-Jacques, sur l'emplacement occupé par la rue

Soufflot et la place du Panthéon, le troisième, quartier du Temple.

C'est dans ce dernier que saint Louis établit, en 1258, une maison des Pères de Sainte-Croix, congrégation pieuse fondée en 1211 par Théodore de Celles, chanoine de Liége. La principale occupation de ces religieux était de prier sur la passion de Jésus-Christ, de là les noms de *Croisiers* et de *Porte-Croix* sous lesquels on les désignait.

Grâce aux libéralités de Louis IX et de Robert Sorbon son chapelain, fondateur de la Sorbonne, ils construisirent de beaux bâtiments et une grande église qui fut placée sous le vocable de l'*exaltation de la Sainte-Croix*.

Les *Croisiers*, plusieurs fois reformés par de puissantes corporations religieuses, se placèrent sous la règle de Saint Augustin.

En 1793, le couvent fut vendu comme bien national, puis démoli et les matériaux dispersés ; quelques tombeaux furent sauvés par Alexandre Lenoir.

La *rue des Billettes* se nomma primitivement *la rue où Dieu fust bouilli*, parce qu'un juif, nommé Jonathas, avait plongé une hostie consacrée dans l'eau bouillante, le 2 avril 1290, jour de Pâques ; le juif fût brûlé et ses biens confisqués au profit du roi.

Sous Philippe Auguste, *la rue où Dieu fust bouilli* n'était qu'un chemin qui traversait des jardins.

Sur cet emplacement, des religieux hospitaliers de la Charité Notre-Dame, puis des *Carmes-Billettes*, fondèrent une chapelle et un couvent.

Le cloître est occupé par une école communale depuis 1812; l'église appartient au culte protestant.

Vers la même époque (1888), on démolit la maison qui portait le n° 203 rue Saint-Martin, à l'encoignure de la rue Bourg-l'Abbé.

Cet hôtel avait été bâti sous François Ier par Guillaume Budé, maître de la librairie du roi. Il fut occupé 60 ans plus tard par Jacques Sanguin, prévôt des marchands ; par Merri de Vic, garde des sceaux, et enfin, en 1752, par Nicolas Chopin, trésorier des mines d'or.

La *Halle aux blés* occupait l'emplacement de l'ancien hôtel de Nesle qui fut successivement habité par Louis IX et sa mère, par Philippe le Bel, par Charles de Valois, par Jean de Luxembourg, par les comtes de Longueville et de Pézénas.

Le roi Jean y habita en 1350 ; dans la nuit du 19 au 20 novembre de la même année, il y fit décapiter le comte d'Eu, Raoul II, connétable de France, sans aucun jugement, à huis-clos.

Charles V y vécut, ainsi qu'Amédée VI, comte de Savoie, et Louis, duc d'Orléans (Louis XII).

Louis XII fonda dans cet hôtel, en 1494, une communauté de filles pénitentes qui y demeura jusqu'en 1572, époque où la reine Catherine de

Médicis fit l'acquisition du couvent qu'elle transféra rue Saint-Denis.

Catherine fit démolir les anciens bâtiments et reconstruire, par Bulant, un immeuble qui prit le nom d'*hôtel de la reine*. Elle l'occupa à peu près quinze années.

Après sa mort, en 1589, l'hôtel de la reine passa à ses enfants qui le possédèrent jusqu'en 1595. En 1601, il fut vendu à Catherine de Bourbon, sœur de Henri IV ; il prit le nom d'*hôtel des princesses*. Il passa ensuite à Charles de Soissons et changea encore une fois de nom ; sous la Régence, le prince de Carignan en fit la bourse des billets du système Law.

Le prince de Carignan fit alors construire, dans le jardin, un grand nombre de baraques dont chacune était louée 500 livres par mois ; à sa mort, ses créanciers s'emparèrent de ses biens et obtinrent, en 1749, la permission de démolir l'hôtel et d'en faire vendre les matériaux.

Bachaumont, pour la conserver à la postérité, acheta la colonne monumentale construite en 1572, qui servait aux expériences astrologiques de Catherine de Médicis.

Cette colonne était décorée de couronnes, de trophées, des chiffres entrelacés de Catherine de Médicis et de Henri II.

En 1755, la Ville de Paris acquit le terrain de l'hôtel moyennant 2 millions 369 livres 10 sols.

En 1772, on construisit la *halle au blé* qui fut achevée en trois ans par les soins de M. de

Viarmes, prévôt des marchands ; la cour centrale ne fut achevée qu'en 1782.

Un incendie dévora la coupole qui fut reconstruite en cuivre et en fer en 1812.

Le plan de la halle aux blés était de forme circulaire et avait 68^{m}19 de diamètre ; il y avait vingt-huit arcades au rez-de-chaussée, autant de fenêtres éclairaient l'étage supérieur auquel on accédait par deux escaliers composés d'une double rampe en fer forgé.

La *Bourse du commerce*, qui a remplacé la halle aux blés, a conservé le style de l'hôtel de Soissons.

IV

La Cité.

Jusqu'en 1703, la cité formait un quartier comprenant les îles Notre-Dame et de Louviers, il renfermait 12 paroisses, 21 églises ou chapelles, 52 rues et 11 ponts.

Il était impossible de voir un cloaque plus épouvantable que cet amas de ruelles étroites, puantes, sans air, sans lumière, véritables coupe-gorges où nul n'osait s'aventurer à la tombée de la nuit.

Les amateurs d'antiquités jetèrent feux et flammes lorsque la pioche du démolisseur jeta bas cet amas de masures, mais la salubrité qui succédait à ces foyers pestilentiels était une large compensation, et la population parisienne y applaudit des deux mains.

La *rue du Cloître-Notre-Dame* était ceinte de murailles et fermée par trois portes, la principale s'ouvrait sur l'emplacement de l'église Saint-Jean-le-Rond, elle existait sous Charlemagne ; on y rencontrait la maison du chanoine Fulbert, l'oncle d'Héloïse, la célèbre maîtresse d'Abélard ; à la fin du XIᵉ siècle, tous les soirs, on jonchait le sol de pailles fraîches, pour que les écoliers pussent y reposer.

La *rue du Marché-Neuf* ne s'appela ainsi qu'en 1566, à cause d'une halle aux poissons et de deux boucheries qui y étaient installées. Cette rue fut illustrée par la journée des Barricades, le 12 mai 1588, dans laquelle les Suisses, sans l'intervention du duc de Guise, eussent été massacrés jusqu'au dernier.

La *rue des Cargaisons* était fermée par une porte, on la nommait aussi des *Carcuissons*, parce que les charcutiers y apprêtaient leur viande, quand, en 1475, leur communauté fut reconnue, la rue leur fut réservée ; détail assez curieux, il ne leur était pas permis de faire réchauffer les viandes cuites. Les charcutiers, alors, s'intitulaient : *Saucissiers*.

La *rue de la Calandre* ne fut dénommée ainsi que sous Philippe Auguste ; devait-elle son nom à la *Calandre*, insecte qui dévore le grain, ou à Nicolas le *Kalendreur*, dont les ancêtres *calandraient* le drap ?

Dans les Censiers de 1367, on trouve que la maison de Nicolas appartenait au Palais, et que les lions des rois de France y avaient leurs loges. La rue de la Calandre était sous la domination du concierge du Palais ; sur chaque tonneau de vin, il prélevait un impôt de quatre deniers parisis et autant sur chaque muid d'avoine.

Saint Marcel, neuvième évêque de Paris, naquit dans cette rue au IVe siècle. Saint Marcel est l'auteur du fameux miracle qui changea l'eau de la rivière en vin ; plus fort encore, le peuple communia avec ce vin sans qu'il diminuât dans le vase.

La *rue aux Fèves* tenait son nom d'un *marché aux fèves* qui y était établi.

La légende veut que ce soit Eugène Sue qui ait mis le cabaret du *Lapin blanc* en lumière dans ses fameux *Mystères de Paris* ; ce *cabaret n'existait pas* lorsqu'il écrivit son célèbre roman, car le bail de la maison n° 6, où il était situé, ne date que du *23 janvier 1844* !

Le cabaret avait simplement été *maquillé* par le rusé père Mauras, suivant les indications d'Eugène Sue.

Le public mordit si bien dans le *bateau* que des gens affirmèrent avoir vu le cabaret du *Lapin blanc* avant 1830 !

Le renseignement que je donne est du propriétaire lui-même, M. Lutz, marchand de meubles, quai Saint-Michel, 27, qui y était encore établi en 1864.

La *rue de la Licorne* prit ce nom à cause d'une *licorne* qu'on y montrait au XVe siècle. La corne de cet animal fut déposée dans le trésor de l'abbaye de Saint-Denis et vendue, dit le bibliophile Jacob, mille écus d'or au pape Alexandre VI, car cette corne, réduite en poudre, passait pour le contre-poison le plus efficace.

Dans cette rue, les *oublayers* y fabriquaient spécialement des *oublies* qu'ils allaient, le soir, vendre par la ville ; l'*oublayer* ne pouvait mener avec lui *aucun étranger* sous peine de six sols d'amende. Pourquoi cette interdiction bizarre ?

La *rue des Trois-Canettes* se nommait, en 1387,

rue de la Pomme-Rouge ; en 1421, *rue de l'Homme-Sauvage.*

Ce nom des *Trois-Canettes* fut donné à cette rue parce que des armoiries, sur lesquelles étaient sculptées des *canettes*, figuraient sur la porte d'un hôtel ; il y eut d'ailleurs, jusqu'au XVIIe sièce, deux vieilles maisons appelées *les Grandes* et *les Petites Canettes.*

La *rue Cocatrix*, ainsi appelée parce qu'une famille, qui y habitait, exerçait de père en fils la profession de *queux* (cuisiniers) ; mais ne serait-ce pas plutôt parce que Geffroy de Cocatrix, grand échanson de Philippe le Bel, y avait son hôtel ?

Une autre famille du même nom possédait la terre seigneuriale du *Val-Cocatrix* près de Corbeil ; Philippe le Bel et Charles le Bel y séjournèrent pendant un voyage.

La *rue des Deux-Hermittes* se nommait, en 1220, la *Cour-Ferri ;* ce ne fut qu'au XVe siècle qu'elle prit le nom des *Deux-Hermittes*, voici à quelle occasion : En 1391, un ermite, Étienne de Dommachier, fut accusé d'avoir empoisonné les puits ; un autre jeune homme nommé l'Hermitte fut brûlé vif, en 1536, au Parvis Notre-Dame ; en leur mémoire, leur nom fut donné à la rue.

La *rue des Marmouzets*, dont tout le monde connaît la légende, devait son nom à un hôtel *domus Marmosetorum* qui était orné de petites statues peintes et dorées mises à la mode alors par Nicolas Flamel qui faisait travailler un grand nombre de *tailleurs d'images.*

La légende, qui date du xive siècle, est venue jusqu'à nous. Un barbier tuait ses clients, et son voisin le pâtissier en fabriquait des pâtés exquis dont la vogue était universelle ; tous deux furent brûlés et leurs maisons rasées ; ce ne fut que cent ans plus tard que la place vide fut comblée par une nouvelle maison, dont le propriétaire, Pierre Belut, était conseiller au Parlement.

La *rue Saint-Éloi* était habitée par les forgerons et les orfèvres ; cette rue fut d'abord appelée *la Chevalerie* ou la *Cavaterie*, c'est-à-dire l'orfèvrerie, parce qu'on entendait par *cavatores* les ouvriers qui travaillaient les métaux précieux ; elle dut son nom définitif à saint Éloi, patron des deux corporations : forgerons et orfèvres, en même temps qu'il était conseiller de Dagobert.

Les orfèvres émigrèrent dans une rue qui prit leur nom et furent remplacés par les savetiers — les bijoutiers sur le genou.

L'*Impasse Saint-Martial* se nommait primitivement *rue de la Ganterie;* Guillot la cite comme remontant à une époque très reculée ; les gantiers résidèrent dans cette rue jusqu'au moment où ils émigrèrent dans la *rue de la Lingerie*. Cette impasse fut détruite en 1722.

La *rue de la Vieille-Draperie* était jadis habitée par les maîtres drapiers qui profitèrent, en 1183, de l'expulsion des Juifs par Philippe Auguste pour se faire donner vingt-quatre maisons moyennant cent livres de rente au roi. Ils y établirent le siège de leur corporation. Jean Chatel, l'assassin du roi Henri IV, partit de la rue de la Vieille-Draperie pour commettre son crime ; sa maison fut rasée et une pyramide fut élevée à sa place.

Sous Louis VII, les vignobles parisiens, très nombreux, étaient en grande réputation ; le *clos Malivart*, entre Paris et Montmartre ; le *clos Gorgeau*, le *clos Saint-Victor* et des *Arènes*, le *clos du Hallier* (tout le pâté de maisons entre le boulevard Montmartre et la rue Richer est construit sur son emplacement), le *clos Saint-Symphorien* (entre les rues des Sept-Voies, de Rheims et des Muales), le *clos des Vignes*, qui s'étendait de la rue des Saints-Pères à la rue Saint-Benoît, le *clos Margot* (la rue et l'Église Saint-Paul occupent son emplacement), le *clos Margot* (rues Saint-Claude et du Harlay au Marais), le *clos Saint-Gervais* (entre les rues Saint-Gervais et du Temple), le *clos Le Roi* (sur son emplacement fut construite l'église Saint-Jacques-du-Haut-Pas), le *clos des Partants* (rue des Amandiers).

Tous ces clos fournissaient d'excellents vins qui rivalisaient avec ceux d'Ivry, d'Auteuil, de Suresne et d'Argenteuil.

Montmartre était également un excellent vignoble, son vin avait beaucoup d'amateurs.

Les buveurs chantaient, lorsqu'ils étaient gavés :

> C'est du vin de Montmartre
> Qui en boit pinte en pissera quatre.

Paris, alors, était un grand Bordeaux ; le vin d'Auteuil allait jusqu'en Danemark, et les autres crûs s'expédiaient un peu partout ; de là, naturellement, les tonneliers formaient une puissante corporation ; ils s'établirent *rue de la Barillerie,* parce que dans cette rue Charlemagne y avait ses caves où il entassait des *barils* cerclés de fer ; Saint Louis aussi y avait ses caves. Trois *barilliers* y étaient spécialement chargés de garder les tonneaux et les *barils.*

La *rue Saint-Christophe* est appelée par Guillot *Grande rue ;* les anciens titres ecclésiastiques nomment cette rue : *la Regraterie, Regrataria, Juxta Judaismum* en 1218, *Regratœria* en 1248, et *Regrataria de Parvo Ponte* en 1263. Un marché de revendeurs y était établi.. La rue changea de nom lorsque les *regrattiers* émigrèrent.

La rue de *Perpignan* porta successivement les noms les plus divers, elle se nomma *Champourri, Champrousiers, Chamflori et Champrosy* jusqu'à la fin du xve siècle, puis au xvie *Pampignan, Parpignan* et enfin *Perpignan.* Ce nom lui venait d'un jeu de paume qui était établi non loin de là, en 1399, ce jeu d'une haute antiquité, se joue encore aujourd'hui dans les provinces Basques de l'ancienne Biscaye et de la vallée de la Soule.

La *rue de Glatigny,* de *Glategny* ou de *Glateingny* était de la plus haute antiquité, en 1380, on la nommait *le val d'amour,* ce surnom est suffisamment explicite et me dispense de m'étendre sur cette rue classée parmi les rues honteuses.

La *rue de l'Archevêché* se nommait en 1282 rue du *Port l'Evêque*. Elle a été absorbée par le quai de l'Archevêché.

Le Passage des Barnabites fut ouvert sur les ruines de l'église des Barnabites, le terrain en fut donné à saint Eloi par Dagobert Ier.

La *rue de la Pelleterie* dut son nom aux pelletiers qui s'y établirent après l'expulsion des Juifs, en 1189, cette corporation payait 73 livres de cens. Il fallait descendre deux marches pour y pénétrer par la rue du Marché-aux-Fleurs.

La *rue du Marché-aux-Fleurs* fut ouverte sur l'emplacement de l'Eglise · Saint-Pierre des Arcis.

La *rue Gervais-Laurent,* se nommait en 1248 *Vicus Gervasii Loorandi,* en 1313, *Gervése-Lorent,* on simplifia ce nom en disant *Gervais-Laurent.* Elle était spécialement habitée par des tanneurs et des teinturiers.

La *rue Sainte-Croix,* bâtie au XIIe siècle, empruntait son nom à l'église Sainte-Croix.

La *rue Constantine* ne datait que de 1843.

La *rue de la Cité* fut ouverte sur l'emplacement de trois rues nommées *de la Lanterne, de la Juiverie* et *du Marché-Palu.*

La *rue de la Lanterne* tirait son nom d'une enseigne de *la Lanterne,* vers 1326. Ce fut dans cette rue que se pendit Gérard de Nerval.

La *rue du four Basset* prenait son nom d'un four public. En 1300, elle se nommait : *la petite Orberie.*

La *rue du Haut-Moulin* était ainsi nommée à

cause de quelques moulins qui étaient établis sur la Seine, dans son voisinage ; en 1204 elle se nommait *rue neuve Saint-Denis*.

La *rue Saint-Landry* se nomma primitivement *rue du Port Saint-Landry*, quoiqu'elle n'eut que 80 mètres de longueur, en 1248, son extrémité qui donnait vers la Seine se nommait *rue du Fumer*.

La *rue Haute-des-Ursins* est appelée, en 1300, par Jaillot, *rue de l'Ymage*, Jean Juvénal des Ursins y habita un hôtel en 1389.

La *rue du Milieu-des-Ursins* fut ouverte en 1354 sur l'emplacement de l'hôtel des Ursins.

La *rue Basse-des-Ursins* était connue au xvie siècle sous le nom de *rue d'Enfer*, toutes les raisons données par Jaillot et d'autres pour justifier l'étymologie de ce nom sont fausses, la seule vraie fournie par Heusey, est qu'elle tirait ce nom d'un four banal qui était dans le voisinage, et dans lequel on faisait un *feu d'enfer*.

La *rue Saint-Pierre-aux-Bœufs* était très ancienne, en 1200 elle portait ce nom.

Toutes ces rues ont été démolies en 1860 pour la construction de la caserne de la Cité, du Tribunal de commerce, et de l'hôtel-dieu.

V

Les Eglises.

La plus grande partie des églises qui ont laissé des souvenirs, étaient dans la Cité, cela s'explique puisque la Cité fut le berceau de Paris, néanmoins on ne peut s'empêcher de faire remarquer que le nombre en était considérable eu égard à la population restreinte.

Saint-Barthélemy. — Sous les rois de la seconde race, alors qu'ils habitaient le palais de la Cité, de nombreuses confréries religieuses s'établirent autour d'eux. Les religieux de *Saint-Barthélemy*, vers le ve siècle, firent construire une chapelle à laquelle ils donnèrent le nom de leur patron, elle était située près de la rue de la Barillerie.

Vers 965, Hugues Capet fit agrandir cette chapelle, qui devint, en 1138, paroisse royale. Les bâtiments de cette église furent restaurés en 1730 et 1736.

L'auteur des *Moustiers de Paris*, dans sa naïve nomenclature des édifices religieux, vers la fin du xiiie siècle, signale ainsi l'*Eglise Saint-Barthélemy* :

> Et Saint-Sauveur qui vaut miex
> Saint-Christophe, Saint-Bertremiex.

Malgré ses récentes réparations, en 1770, l'église menaçait ruine ; en 1772, le roi ordonna qu'elle serait entièrement reconstruite. Le por-

tail était déjà terminé, lorsque la Révolution
vint en arrêter les travaux. Supprimée en vertu
de la loi du 15 février 1791, elle fut vendue
comme propriété nationale le 12 septembre
suivant. Sur son emplacement on y établit peu
de temps après, le *Théâtre de la Cité*, et l'on
ouvrit deux passages dont l'un prit la dénomination de *Flore*.

Saint-Germain-le-Vieux. — A l'origine, cette
église n'était qu'une chapelle sous le patronage
de *Saint Jean-Baptiste*, elle existait au ix° siécle,
elle prit le nom de *Saint-Germain-le-Vieux* à cause
d'un bras de Saint Germain qui lui avait été
donné par les religieuses de Saint-Germain
des Prés.

En 1368, l'abbaye de Saint-Germain des Prés
céda à l'université les droits qu'elle possédait
sur cette petite église. Elle fut agrandie en
1458.

Le portail et le clocher étaient de 1560. Supprimée en 1790, elle fut vendue le 12 fructidor
an IV, et démolie aussitôt pour faire place à
des maisons particulières et à un passage qui
prit le nom de *Saint-Germain-le-Vieux*.

Notre-Dame-des-Voûtes avait son entrée *ruelle
du prieuré*, elle était accotée au chevet de
l'église Saint-Barthélemy.

A partir de 1525, elle s'appela : *Notre-Dame-
de-la-Fontaine*, et finit par être absorbée par
l'église Saint-Barthélemy.

Saint-Pierre-des-Arcis. — Elle était à l'angle de
la rue Constantine et de la rue du Marché-aux-

Fleurs, elle fut construite en 926 sur l'emplacement d'une ancienne chapellè qui se nommait, en 640, *Saint-Pierre*. *Saint-Pierre-des-Arcis* fut détruite par le grand incendie de 1034. On la reconstruisit près de la clôture de Saint-Eloi, elle devint paroisse en 1129. En 1421 elle fut démolie, puis rebâtie à nouveau. Elle fut expropriée en 1800 et sur son emplacement s'ouvrit la *rue du Marché-aux-Fleurs*.

Sainte-Croix était située au coin de la rue de ce nom et de la rue Constantine, elle datait du VIIe siècle et fut érigée en paroisse en 1107, et agrandie en 1529. Elle fut vendue le 2 mars 1792, une maison fut construite sur son emplacement.

La Madeleine fut érigée sur l'emplacememement d'une synagogue, vers 1205, elle fut vendue le 21 août 1793 et démolie en 1794. Sur son emplacement on ouvrit le *passage de la Madeleine*.

Sainte-Geneviève-des-Ardents dut son nom à un miracle qui fut contesté par l'abbé Le Beuf. En 1129, la population fut atteinte d'une maladie épidémique nommée le *mal des ardents*, la châsse de Sainte Geneviève fut solennellement portée à Notre-Dame, et les malades furent guéris en passant sous la châsse.

Elle était située près de la place du Palais, au coin de la rue Neuve Notre-Dame.

Cette église fut démolie en 1747 pour faire place aux Enfants-Trouvés.

Saint-Christophe, rue Saint-Christophe, en face la rue des Trois Canettes. Un testament de Vandemir contient une donation en sa faveur (640). Au xiie siècle cette église fut érigée en paroisse. Elle fut entièrement reconstruite entre les années 1494 et 1510 ; comme Sainte-Geneviève-des-Ardents, elle fut démolie en 1747 pour les Enfants-Trouvés.

Saint-Denis-de-la-Chartre, au coin de la rue du Haut-Moulin et à l'extrémité du pont Notre-Dame. Cette église n'a pas d'origines connues, la première fois qu'il en fut fait mention ce fut dans une charte du roi Robert en 1014, on la désigne ainsi : *Canonicis sancti Dionysis de Parisiaco a carcere.* Elle fut rebâtie aux xive et xve siècle. La légende voulait que saint Denis eût été emprisonné dans la crypte souterraine, elle est assurément fausse, car elle ne repose sur aucun document.

Saint-Denis-de-la-Chartre, fut supprimée en 1790 et vendue en deux fois le 29 frimaire an VII, elle fut démolie en 1810, l'angle du quai Napoléon est sur son emplacement.

Saint-Symphorien-de-la-Chartre, était une ancienne chapelle sous l'invocation de *Sainte-Catherine,* ce ne fut qu'en 1214 qu'elle prit le nom de *Saint-Symphorien.* Cette église fut cédée, en 1704, à la communauté des peintres, sculpteurs et graveurs.

Elle fut vendue le 4 brumaire an IV. *La Belle Jardinière* s'élève sur son emplacement.

Saint-Landry était située dans la rue de ce

nom, elle existait au VIIe siècle et fut vendue le
24 mai 1792.

Saint-Pierre-aux-Bœufs, ce nom indique que
cette église était la paroisse des bouchers de
la Cité, sur son portail étaient sculptées deux
têtes de bœufs.

L'Eglise fut démolie en 1837, son portail fut
replacé contre l'entrée occidentale de l'église
Saint-Séverin.

Rue d'Arcole on peut lire cette inscription
sur la maison qui porte le n° 15 :

Sur cet emplacement fut autrefois l'*Eglise Saint-Pierre-
aux-Bœufs*, dont on ignore l'origine, mais qui existait déjà
en 1136, démolie en 1837.

Sainte-Marine fut fondée en 1036, on y célé-
brait les mariages forcés par ordonnance de
l'official de Paris, les gens qui vivaient en con-
cubinage étaient mariés d'autorité, et le curé
leur mettait au doigt un anneau de paille.

Après sa désaffectation *Sainte-Marine* servit à
une raffinerie de sucre, un teinturier lui succéda, puis plus tard un menuisier.

Saint-Jean-le-Rond était une chapelle située à
l'entrée du cloître Notre-Dame, elle était spécialement consacrée aux baptêmes. Elle datait
du XIIIe siècle et fut démolie en 1748.

Saint-Denis-du-Haut-Pas. Il s'est dépensé des
flots d'érudition pour reconnaître les origines
de cette église, naturellement la lumière ne s'est
pas faite, mais ce qu'il y a de certain s'est
qu'elle existait sous Louis VI. Elle tombait

en ruine vers 1148, on la fit reconstruire sous le nom d'*Oratoire*. Sous la Révolution elle fut convertie en une salle de réception pour l'admission des malades à l'Hôtel-Dieu. Elle fut démolie et sur son emplacement on ouvrit une place sous ce nom : *Place Fénélon* (elle figure sur les plans de Paris de 1808 à 1811) la *Fontaine Notre-Dame* est sur l'emplacement de la place *Fénélon*.

Saint-Michel était située entre la sainte chapelle et la rue de la Barillerie, au XII° siècle elle était appelée : *Ecclesia Sanctis Michaelis de plateas*. Le 22 août 1165, Philippe-Auguste y fut baptisé. Il s'y établit une confrérie de pèlerins dans laquelle n'étaient admis que ceux qui avaient fait le voyage au mont Saint-Michel. Cette église fut démolie en 1782.

VI

Montmartre.

Au moyen-âge, vers le pied des buttes Montmartre on voyait de grands et vastes marais traversés par le ruiseau de Ménilmontant, au bout desquels s'établirent la maladrerie de Saint-Lazare, la grange Batelière, les Porcherons, le Château du Coq et la Ville l'Evêque.

Ce ruisseau dont le nom indique le point de départ, aboutissait à la Seine en traversant le faubourg nord de Paris, de l'Est á l'Ouest ; en venant à la ville après l'avoir franchie, on commençait à gravir la montée par plusieurs chemins, dont deux principaux.

L'un suivait le parcours du faubourg Montmartre, passait devant la chapelle de Notre-Dame-de-Lorette, appelée aussi Saint-Jean, rencontrant ainsi, en montant, le chemin des Martyrs, le colombier et l'abbaye, et plus haut, vers la place de la mairie actuelle, la chapelle des Martyrs, dont il gagnait le sommet en serpentant.

L'autre chemin suivait à peu près l'emplacement des rue Montorgueil, des Petits-Carreaux, du faubourg Poissonnière, et, après le marais, se dirigeait en diagonale vers la partie Est de la butte qu'il cotoyait pour aboutir au hameau de Clignancourt ; à gauche de ce chemin, une bifurcation conduisait également au sommet par le chemin de la Fontenelle.

En sortant des marais, ces divers voies traversaient des vignes, des carrières à plâtres, mais à mi-côte, vers l'emplacement des anciens boulevard extérieurs.

Ces exploitations cessèrent, ce n'est qu'après la vente des biens de l'abbaye que la partie haute fut exploitée à son tour.

Cette partie supérieure de la butte Montmartre présentait l'aspect le plus gracieux que l'on pût imaginer ; elle était couverte de bosquets de lilas, de vignes, des bouquets de grands arbres ombrageaient les fontaines, un bois s'étendait sur tout le flanc Est de la butte, depuis la chaussée Clignancourt.

Dans un bosquet existait la *fontaine de la Fontenelle*, dont les eaux furent conduites plus tard au Château-Rouge ; plus loin, et au-dessus, on rencontrait la *fontaine de la Bonne*, dont le nom indiquait la supériorité ; c'était elle qui alimentait l'abbaye et les habitants du village.

Sous les arbres du chemin de la Procession, au bas de la rue Saint-Denis, vers le hameau de Clignancourt, il en existait une autre, puis la *fontaine du But*.

Cette dernière, par sa forme et ses ombrages, par les beaux horizons qu'on y découvrait, par les ruines romaines qui l'avoisinaient, rappelait les plus beaux sites de l'Italie ; plus haut, vers le couchant, au-dessus des moulins, la fontaine

Saint-Denis, ainsi que toutes les autres, fut détruite par l'exploitation des carrières.

Enfin, dominant ce magnifique ensemble, le village et l'abbaye, dont les jardins et dépendances descendaient en amphithéâtre sur le flanc Sud de la butte.

En novembre 886, Charles le Gros, pressé de porter secours aux Parisiens, arriva à la tête d'une armée qu'il fit camper au bas de Montmartre.

En 978, l'empereur Othon II, en guerre contre Lothaire, roi de France, assiégea Paris. Furieux de la résistance qu'il rencontra, il fit incendier un faubourg et alla frapper à une des portes de la Cité d'un coup de lance. Satisfait de cet exploit, il monta triomphalement sur les buttes Montmartre et fit chanter solennellement un *Alleluia*.

La vieille église que nous voyons aujourd'hui appartenait à un nommé Payen et à son épouse Hodierne ; ils la tenaient en fief de Burchard de Montmorency. Ayant obtenu le consentement de Burchard, ils la vendirent en 1096, avec les produits des sépultures, de l'autel, et tout le casuel, en un mot, aux religieux de Saint-Martin-des-Champs. Louis le Gros céda, en 1133, à ces religieux, l'église Saint-Denis-de-la-Chartre, en échange de l'église de Montmartre. Après cette transaction, le roi et son épouse Adélaïde, fondèrent à côté de l'église actuelle, sur l'emplacement qu'occupe le *Sacré-Cœur*, un monastère de religieuses.

Sur la pierre, servant de maître-autel, le pape Eugène III officia solennellement le 21 avril 1117, ayant pour diacre Saint Bernard, et pour sous-diacre Saint Pierre le Vénérable.

C'est dans ce monastère que fut enterré la reine Adélaïde, femme de Louis le Gros. En 1376, Charles VI s'y rendit en pèlerinage, un énorme cierge à la main, afin de remercier Dieu de l'avoir sauvé des flammes lors de la fameuse fête du *Ballet des Sauvages*.

Le 15 août 1534, Ignace de Loyola partit du Parvis de Notre-Dame avec une petite troupe ; ils chantèrent sur tout le parcours quelques versets des hymnes matinales ; François Xavier et Pierre Faber étaient du nombre.

Ils se rendirent à l'abbaye de Montmartre où ils prononcèrent leurs vœux.

Henri IV, lorsqu'il assiégeait Paris en 1590, fit de Montmartre son quartier général. A cette époque, la mère abbesse était Marie de Beauvilliers, âgée de seize ans et jolie comme les amours, un vrai morceau de roi.

En arrivant au monastère, le bon roi demanda à l'abbesse le nombre de ses religieuses, il se trouva que le nombre des directeurs était moindre ; Henri IV en fit quelques plaisanteries.

« Vous avez raison, sire, dit ingénument l'abbesse ; mais Votre Majesté ne songe pas qu'il faut bien quelques religieuses pour les survenants ! »

Les seigneurs de la suite d'Henri IV félicitèrent la jeune abbesse de cette prévoyance et complétèrent avantageusement les directeurs.

L'abbaye n'était pas riche à cette époque, les religieuses devaient 100,000 livres, somme énorme alors. Le jardin était en friche ; les jardiniers avaient bien autre chose à cultiver ; les murs tombaient en ruines, le réfectoire était converti en bûcher ; le cloître, le dortoir et le chœur en promenades ; les nonnes ne chantaient plus l'office, elles préféraient, le soir, entendre chanter le rossignol et le roitelet sous les charmilles ; les moins..... travaillaient pour vivre et mouraient presque de faim ; les jeunes se montraient fort mondaines ; les vieilles..... leur prêtaient une oreille trop complaisante. La jeune abbesse voulut soumettre les religieuses à une règle plus sévère, elle mourut empoisonnée ; de vouloir rentrer dans le sentier de la vertu, cela ne lui porta pas chance.

Il y avait dans l'abbaye une image de Jésus-Christ, les bonnes femmes avaient la croyance que cette image rendait bons les mauvais maris. Pour cela il suffisait de faire toucher la chemise des maris à l'image en question, et s'ils ne devenaient pas meilleurs dans l'année, ils mourraient.

Quel malheur que cette image miraculeuse n'existe plus, elle aurait remplacé avec avantage les tribunaux chargés de prononcer sur les cas de divorce.

En 1760, Marie-Louise de Laval, duchesse de Montmorency, fût élevée à la dignité d'abbesse ; elle fut guillotinée en 1793 avec toutes ses religieuses.

Pendant qu'elles étaient *jugées* par le tribunal révolutionnaire, Mme de Montmorency demeurait muette aux interpellations du président Dumas ; celui-ci furieux de ce silence qu'il prenait pour du mépris, demanda :

— Pourquoi cette femme ne répond-elle pas?

— Parce qu'elle est sourde, dit timidement une religieuse.

— Je ne m'étonne plus, dit Dumas, qu'elle ait conspiré sourdement !

En 1436, Agnès Desjardins, abbesse de Montmartre, était poursuivie à outrance par ses créanciers ; elle abandonna tranquillement l'abbaye et alla loger à l'Hôtel du Plat d'Etain, rue Saint-Honoré, plus heureuse fut Louise-Emilie de la Tour d'Auvergne, qui donna son nom à la rue de la Tour d'Auvergne, parce que non loin de cette rue, au bout du chemin de la Nouvelle-France, les religieuses de Montmartre possédaient un moulin et des champs.

Une autre abbesse, Mme de Rochechouart, fut la marraine de la rue et du boulevard de ce nom.

En 1747, Montmartre ne contenait que deux cent vingt-trois feux, environ huit cents habitants ; il en compte aujourd'hui plus de deux cent vingt mille.

La colline de Montmartre a environ 500 mètres de hauteur.

En 1793, la vieille abbaye fut transformée en

temple de la **Raison**. Une jeune et jolie fille de l'endroit y figurait la déesse.

Quelque temps plus tard, les biens de l'abbaye furent vendus et les bâtiments démolis; il subsista néanmoins une tour qui était située à l'extrémité des bâtiments de l'ancienne abbaye.

Dans cette tour, les criminels de toutes sortes avaient le privilège de trouver un asile inviolable.

Aussitôt l'invention du télégraphe par l'ingénieur Chappe, cette tour fut affectée au télégraphe aérien, elle fut démolie le 7 mai 1866.

Montmartre a perdu sa physionomie champêtre. Adieu guinguettes, balançoires, chevaux de bois, déjeuners sur l'herbe. La plupart des cabarets où naguère les Parisiens, trop paresseux pour aller au loin, venaient, le dimanche, manger le lapin traditionnel et le fricandeau à l'oseille sous les tonnelles ombragées de vigne vierge et de clématites, ont dû fermer boutique devant le bouleversement des buttes, pour y construire l'église du Sacré-Cœur.

Adieu les égrillardes et spirituelles chansons de nos pères.

Dans un avenir prochain, les lugubres chants d'église les auront remplacés, les accords joyeux d'un orchestre improvisé feront place aux accents aussi solennels qu'ennuyeux du grand orgue, la fumée de l'encens succédera au fumet du rôti de veau, les robes blanches de nos mères seront converties en surplis pour les hommes noirs ; plus de quadrilles, plus de polkas, des processions et des psalmodies ; la marchande de chapelets et d'images rendant la vue aux aveugles, remplace déjà la marchande de gaufres, d'oublies, de moules et de pommes de terre frites.

Pauvre butte ! tu ne verras plus, les lundis, les ouvriers dormir sur l'herbe verte qui tapissait tes flancs ; tu n'entendras plus Gavroche crier en les voyant : « Tu vas attraper une indigestion de soupe à l'herbe ! »

Le *Tivoli Montmartre* fut construit sur l'emplacement des jardins de l'abbaye, près de la chaussée de Clignancourt.

En 1799, l'attention du monde savant fut attirée par les fossiles que l'on découvrit dans les flancs de la butte et aussi par une pierre profondément enfoncée dans le sol, que les terrassiers mirent à jour.

Sur cette pierre se trouvait cette inscription :

IC

I   LEC

HEM

INDE

SAN   ES

Les savants furent convoqués, la pierre mystérieuse qui avait été soigneusement enveloppée d'une bâche fut découverte, puis retournée dans tous les sens.

Les uns opinaient pour du latin ; ce devait être la pierre tombale de quelque martyr, contemporain de Saint Denis ou de Saint Eleuthère, etc., etc.

Une commission fut nommée ; elle fut d'avis qu'il fallait faire des fouilles pour retrouver d'autres vestiges du temple auquel elle avait appartenu... Ce fut le sacristain de l'église de Montmartre qui tira les savants d'embarras, il expliqua l'inscription énigmatique de la manière suivante :

Ici le chemin des ânes !

Le *Château rouge* était situé rue Clignancourt, il avait été donné par Henri IV à Gabrielle d'Estrées, des propriétaires qui suivirent il n'en est fait mention nulle part. Le souvenir le plus éloigné date du 30 mars 1814. Le roi Joseph, frère de Napoléon Ier, l'occupa militairement et y présida le conseil de défense de Paris.

Le roi Joseph autorisa le duc de Trévise et le duc de Raguse à entrer en pourparlers avec le prince de Schwarzenberg des armées alliées.

En 1845, le *Château rouge* fut transformé en salle de bal sous ce titre.

Le *Château rouge* fut démoli en 1882, et une rue fut ouverte sur son emplacement.

En janvier 1896, l'ancienne mairie de la rue des Abbesses fut démolie pour faire place à un groupe scolaire sous le nom de *Groupe Lavieu-ville*.

La mairie n'était bâtiment municipal que depuis 1836. Les bâtiments avaient un passé historique ; en 1814, ils servirent de point de ralliement aux élèves de l'École Polytechnique, lorsqu'ils se portèrent à la défense des hauteurs de la butte contre les Alliés.

A part la colonne qui servait d'observatoire
à Ruggieri, laquelle est enclavée dans le jardin
du *Moulin de la Galette,* il ne reste plus rien,
même du Montmartre de 1860, par-ci par-là
quelques masures, qui disparaissent sans
laisser ni un regret ni un souvenir.

Le *Bal de l'Hermitage,* les *Jardins des Bosquets,*
le *Bœuf rouge, Ramponneau* ne sont plus que
légendes.

VII

Les Collèges.

Le premier collège fondé à Paris le fut en
1147, dit Dulaure, en 1275, affirmèrent Hurtaut
et Magny ; rue de la Montagne-Sainte-Geneviève,
plus tard rue Galande, sous le nom *des Danois*
ou *de Dace,* Sauval en parlant d'un collège de
Suesse ou de Danemark qui existait en 1410,
pense que c'est le même avec un nom différent.

Aux xiiie et xive siècles, sans sortir du *Pays
latin,* cinquante collèges ou séminaires se par-
tageaient la gent écolière ; on ne connaissait
guère le *mobilier scolaire,* surtout aux écoles de
la rue du Fouarre ; on plaçait de la paille sur le
sol, les écoliers s'asseyaient à la façon des
tailleurs, devant la chaire de chaque professeur
préféré.

Les écoliers étaient divisés par nation.

L'Université de Paris fut fondée en 1200 par
Philippe-Auguste, et ses statuts furent rédigés
par l'Anglais Robert de Courson, en 1215 ; ils
comprenaient : la nation de France, de Picardie,
de Normandie et la nation d'Angleterre ; cette
dernière, au xve siècle fut remplacée par celle
d'Allemagne.

Jusqu'en 1711, la rue du Fouarre fut entièrement consacrée aux écoles ; elles se tenaient :
la nation de Normandie, *Au petit Écu de Nor-*

mandie ; la nation de Picardie, à *La Perle* et à l'*Ecu de Bordeaux* ; la nation d'Allemagne, *A la Nasse* ; la nation de France, *A la Souche* et *Au Château de Vincennes.*

Sous Charles V, la rue du Fouarre était devenue si malpropre, les ribaudes y étaient en si grand nombre, que l'autorité dut faire fermer la rue par des chaînes.

Sous Louis XV, il n'existait plus, rue du Fouarre, que le collège de la nation de Picardie.

Le collège d'Harcourt, rue de la Harpe, n° 94, est dû à Raoul d'Harcourt, chancelier de l'Eglise de Paris ; il fut fondé en 1280 pour vingt-quatre étudiants pauvres du diocèse de Paris ; Diderot y acheva ses études en 1763 ; la pension se payait 464 livres par élève, plus 520 livres pour le précepteur, si l'élève en avait un, et enfin 20 livres pour le bois et la chandelle.

Ce collège fut fermé par la Révolution, puis démoli en 1814.

Le collège qui s'élève sur son emplacement est dédié à Saint-Louis ; il fut inauguré en 1829.

Le *Collège de Justice* doit son nom à son fondateur, Jean de Justice, chantre de Bayeux, qui légua par son testament, daté de 1349, un hôtel situé rue de la Harpe ; le collège s'ouvrit en 1353 ; la communauté, ruinée par des pertes successives, dut restreindre le nombre de ses boursiers ; finalement sous Louis XIII, le *collège de Justice* fut réuni au *collège d'Harcourt.*

Rue de Bièvre, à un endroit qui se nomme

depuis plusieurs siècles le *trou de la Bièvre*, fut fondé : en 1324 (Dulaure), en 1348 (L. R. *Curiosités de Paris 1771*), en 1402 (Hurtaut et Magny), par Guillaume de Chanac, le *collège Saint-Michel*, qui se nomma successivement : *de Chanac* et *Pompadour*.

Ce collège fut déclassé par décision universitaire, le 16 juillet 1729.

Saint-Michel compta parmi ses élèves un enfant, fils d'un apothicaire de Brive-la-Gaillarde ; il fut autorisé par charité à suivre les cours, il en profita si bien qu'il devint ministre et cardinal Dubois.

Le *collège de Lisieux*, fut fondé rue des Prêtres-Saint-Séverin, en 1336, par les trois frères de Touteville, Hurtaut, et par Guillaume d'Estouteville ; il fut transporté plus tard rue Saint-Étienne-des-Grès (aujourd'hui rue Cujas) dans deux hôtels que possédait Pierre Bonnasseau depuis 1372 ; il fut transféré à nouveau rue Saint-Jean-de-Beauvais, n° 3, où il fut fermé par la Révolution.

Ce collège se nomma aussi *de Torchi,* nom d'une terre que possédait l'un des trois frères de ces évêques.

Il est curieux de citer le prospectus qui était adressé aux familles :

« Pour les élèves de Paris, le prix de la pension est de 300 livres sans vin, 350 avec vin, plus 14 livres 8 sols au perruquier, 18 livres de blanchissage, 6 livres pour le papier et 1 livre 10 sols au portier lors de l'arrivée.

« Pour les élèves de la maison de campagne (Corbeil), 250 livres, plus 14 livres 10 sols au perruquier, autant de blanchissage, 6 livres pour le papier, 1 livre 10 sols au balayeur, 10 livres de bois et de chandelles. Les prix ci-dessus ne sont fixés que pour les élèves de philosophie ou des humanités ; on paye mensuellement, pour les plus jeunes, 3 livres de supplément jusqu'en sixième, et pour les théologiens 12 livres d'étrennes aux domestiques outre le prix de leur chambre ; s'ils en ont une à part, les parents fourniront eux-mêmes les draps, couverts, serviettes, cassette, pupitre, etc , etc. »

Le *collège de Calvi* fut fondé en 1252, par Pierre Sorbon, il était situé rue de la Sorbonne.

Le *collège de Suède*, rue Serpente, existait en 1630, aucun historien n'a pu découvrir la date de sa fondation ni de sa disparition.

Le *collège de Vendôme* était situé en 1367 rue de l'Éperon, entre les rues du Battoir et du Jardinet.

Le *collège de Tréguier* ou *de Laon* fut fondé en 1325 par Guillaume Koëtmohan ; il fut englobé dans la construction du *Collège-Royal*.

Le *collège des Ecossais*, supprimé en 1792, fut fondé par David, évêque de Murray en 1395, rue des Amandiers-Sainte-Geneviève, qui prit le nom de rue des Ecossais (aujourd'hui rue Laplace) et fut transféré en 1665, rue des Fossés-Saint-Victor, nos 25 et 27. Les bâtiments sont conservés ; chaque année, les Anglais viennent en pèlerinage aux tombeaux de leurs rois.

Le *collège de Fortet*, rue des Sept-Voies, fut fondé en 1391 par Pierre Fortet, la Révolution en fit un bien national qui fut vendu en 1806 ; ce fut de ce collège que partirent Calvin et Pierre-Robert d'Olivetan pour s'occuper de questions religieuses.

Le *collège des Grassins* fut fondé en 1569, rue des Amandiers-Sainte-Geneviève (aujourd'hui rue Laplace), par Pierre Grassins, lequel lui consacra une partie de sa fortune, 90,000 livres ; c'était l'archevêque de Sens qui nommait les boursiers et devait choisir de préférence les étudiants de son diocèse ; Champfort y fit ses études.

Ce collège fut fermé en 1790.

Le *collège de Montaigu* eut pour fondateur Gilles Aicelin, cardinal de Montaigu, rue des Sept-Voies, n° 26, en 1314 ; en 1483, il était tellement en décadence, la pauvreté des écoliers était si grande qu'ils allaient mendier par les rues, vêtus d'une cape de gros drap brun, fermée par devant, et d'un camail fermé devant et derrière ; cet accoutrement leur valut le surnom de *pauvres capettes de Montaigu* ; ce nom était redouté des bourgeois et de la jeunesse de Paris.

Antoine Tempeste fut longtemps principal de ce collège ; c'était un véritable tyran. Rabelais, en parlant de ce professeur, dit : « Tempeste fut un grand fouetteur d'escholiers au collège de Montagut; si par fouetter ces pauvres petits enfants escholiers innocents, les pédagogues sont damnés, il est sur mon honneur en la roue d'Ixion fouettant le chien courtaud qui l'esbranle. »

Sauvage, Erasme et Calvin firent à Montaigu une partie de leurs études.

Ce collège fut supprimé en 1792, les bâtiments servirent d'hôpital, puis de prison militaire, et enfin ils furent démolis pour faire place à la bibliothèque Sainte-Geneviève.

Le *collège de Saint-Denis* fut fondé par Mathieu de Vendôme, sous le patronage de la reine Christine de France ; sur un plan de 1652 on le nommait : *Hôtel des Charités de Saint-Denis*.

En 1607, la rue Dauphine, par ordre de Henri IV, fut percée dans le collège et dans l'hôtel ; ce qui en restait fut vendu à des particuliers.

Le *collège de Tonnerre* était situé près de Saint-Jean-de-Latran ; il fut fondé par les religieux de Saint-Jean-en-Vallée vers 1406.

Sauval fait mention d'un collège de *Thou* ou de *Tou* en 1421, l'abbé Le Bœuf dit qu'il existait en 1393 ; il l'indique sous le nom de: *Collegium de Tulleio* et de *Tullo*.

Les uns placent ce collège rue Chartière ; d'autres, rue des Sept-Voies.

Etienne de Bourgueil, archevêque de Tours fonda en 1333, *le collège de Tours*, rue Serpente, n° 7; en 1540 ses statuts furent réformés, les élèves y étudiaient la grammaire, la logique, la médecine, le droit canon et la théologie. En 1750, Chayet, sous les auspices de la Compagnie de Jésus, en forma une congrégation.

Le *collège de Laon* fut fondé en 1313, par Guy de Laon, trésorier de la Sainte-Chapelle, suivant un auteur du xvm^e siècle ; d'après un autre plus récent, il aurait été fondé en 1305 par Huard de Courtegis ; ce qui a causé l'erreur de l'ancien historien, c'est qu'il a confondu l'exécuteur testamentaire Guy de Laon avec Huard de Courtegis, le donateur.

Porte à porte, presque en même temps, était fondé le *collège de Presles,* rue de la Montagne-Sainte-Geneviève, n° 22 ; ils furent réunis en 1340.

Le *collège de France* est érigé sur leur emplacement, une partie des bâtiments avaient cependant été conservés, ils furent démolis en 1896.

La rue Domat, anciennement rue du Plâtre-Saint-Jacques, était formée par un groupe de trente maisons entre les rues Saint-Jacques et celle des Anglais ; en 1321, Galeron Nicolas de Grève, consacra le tiers de son avoir à la fondation du *collège de Cornouailles,* laquelle fut confirmée en 1380.

Une coutume bizarre interdisait aux boursiers de parler latin en langue usuelle, sous peine, par infraction, de payer une pinte de vin à la communauté. Les bâtiments furent vendus à la criée en avril 1806.

Le *collège de Constantinople,* cul de sac d'Amboise, fut fondé en 1206 ; il reçut d'abord le nom d'*Hôpital des pauvres écoliers* ; en 1332 il ne restait plus qu'un seul boursier. Alors Jean de la Marche le prit à loyer et fonda un nouveau collége sous le nom de *Petite Marche* ; il fut réuni en 1420 au *collége de la Marche*, fondé en 1323 par Guillaume de la Marche, rue de la Montagne-Sainte-Geneviève ; Jean de la Marche y fut professeur de philosophie ; er 1423 il y avait 21 boursiers.

Le *collége des Lombards,* rue des Carmes, n° 23, fut fondé en 1330 par André Ghinni, de Florence, pour des élèves italiens; on le nommait aussi : *Maison des peintres escoliers italiens de la Charité Notre-Dame* ; en 1681 les élèves étaient tous irlandais.

Ce collége fut supprimé par la Révolution.

Le *collége de Navarre*, rue de la Montagne-Sainte-Geneviève fut fondé par Jeanne de Navarre pour 70 écoliers pauvres : 20 étudiants en grammaire, 30 en philosophie, 20 en théologie ; il compta parmi ses élèves : Henri III, Henri IV, le duc de Guise, le cardinal Louis de Bourbon, le prince Eugène de Savoie, le cardinal de Richelieu, Bossuet, etc., etc.

Le *collége de Boncourt* datait de 1363 ; sa fondation est due à Pierre de Boncourt. Jodelle y fit jouer ses premières piéces en présence de Henri III.

Le *collége de Tournay*, fondé en 1283, le *collége de Bavière* et le *collége de Boncourt* furent réunis au *collége de Navarre* sous Louis XIII.

Ces colléges furent fermés par la Révolution ; un décret de Napoléon, daté de germinal an VIII, transféra l'Ecole polytechnique dans leurs bâtiments.

Le collége des *Dix-huit* ou de *Notre-Dame*, datait de 1169, d'après Albert Lefeuve ; suivant Hurtaut et Magny, de 1180 ; il fut démoli lors de la formation et de la construction de la place de la Sorbonne. A ce collége, les écoliers étaient si pauvres, que pour quelques sols, ils se chargeaient de jeter l'eau bénite sur les morts de l'Hôtel-Dieu.

Le collége du *Cardinal Lemoine*, rue Saint-Victor, n° 76, fut fondé en 1296 (plusieurs auteurs disent 1302) par le cardinal Jean Lemoine, en faveur des écoliers d'Amiens ; un arrêt du Parlement du 2 avril 1545, fixait à 24 les boursiers de ce collége, Buchanan, poète latin moderne, et Muret, littérateur, y enseignèrent ; le prix de la pension était de 450 livres par élève sous Louis XV ; les boursiers payaient 4 sols par repas.

Le *collège des Bons-Enfants* fut fondé en 1208, rue des Bons-Enfants. Les élèves étaient si misérables, qu'ils demandaient l'aumône dans les rues de Paris, ce fut Jacques Cœur qui fit cesser cet état de choses.

Le *collège des Bernardins*, rue des Bernardins, fut fondé par Lexington, abbé de Clairvaux, en 1244. Il fut en parti démoli par le percement de la rue de Poissy ; il en reste de beaux vestiges occupés par un poste de pompiers.

Le *collège de Cluni ou de Clugny*, rue de la Sorbonne, fut fondé en 1269 par Yves de Vergy, Yves de Chasant ét Henri de Fautières ; il fut fermé en 1790 et démoli sous Napoléon III.

Le *collège de Mignon* ou de *Grandmont* fut fondé en 1343 par Jean Mignon, archevêque de Chartres : Henri III donna ce collège le 14 août 1581, aux religieux du Grandmont.

Le *collège des Trente-trois*, ainsi nommé parce que, à son début, il comptait trente-trois élèves, fut fondé en 1510, rue de la Montagne-Sainte-Geneviève ; Anne d'Autriche accorda une livre de pain à chaque élève ; cette concession fut plus tard convertie en une pension de 900 livres sur le trésor royal.

Ce collège s'accrût rapidement, grâce à de nombreuses libéralités ; un des derniers donateurs fut *Sarcey* de Suttières, docteur en Sorbonne, grand-vicaire de l'évêque de Beauvais, qui acheta en 1746 de Lejeune, officier du roi, une maison de la cour des Bœufs ; c'était sûrement un aïeul de notre éminent confrère Francisque Sarcey.

L'Etat vendit le collège et ses maisons le 14 vendémiaire an IV.

Le *collège des Trois Evêques* plus tard *de Cambrai*, fut fondé en 1346, place de Cambrai, par Hugues de Pomare, évêque de Langres, Hugues d'Arcy, évêque de Laon, et Guillaume d'Auxonne, évêque de Cambrai ; il fut démoli en 1774 pour la construction du collège de France.

A la place occupée par l'Académie de Chirurgie, dans l'ancienne rue des Cordeliers, le *collège de Bourgogne* fut fondé en 1331 par Jeanne de Bourgogne, femme de Philippe le Long, avec le prix de son hôtel de Nesle et 200 livres parisis qu'elle y ajouta, il y avait provision pour que 20 écoliers y étudiassent dans la faculté des Arts, notamment la philosophie : *Logicalibus et Naturalibus et non in alia facultate,* il fallait que tout candidat : *Sufficiente fundatis Grammaticalibus* ait fait sa rhétorique.

Par testament du 6 mars 1661, le cardinal de Mazarin ordonna la création d'un collège sous le nom *de Mazarin,* pour les gentilshommes pauvres ; on acheta ce qui restait de l'Hôtel de Nesle, et les bâtiments furent construits ; ce collège fut ouvert sous le nom : *des Quatre Nations,* en 1674 ; plus tard, les bourses furent réduites à 30 ; en 1806, les bâtiments furent affectés à l'Institut.

Le *collège Duplessis ou Plessis,* rue Saint-Jacques, no 15, fut fondé en 1322, par Geoffroy du Plessis et réuni à la Sorbonne en 1646.

Le *Collège Royal* fut fondé en 1529, suivant Du Breul, du Boullai et La Caille ; Dom Felibien dit qu'il le fut en 1530 ; Belleforest et le président Hénault disent en 1531.

Le fondateur de ce collège fut François Ier ; il fut érigé place de Cambrai, sur une partie de l'emplacement du collège de Cambrai.

Le *collège des Prémontrés* fut fondé en 1255, rue Hautefeuille, pour les religieux de cet ordre.

Il fut vendu à la Révolution.

Le *collège du Mans* fut fondé en 1526, rue de Reims, suivant l'auteur des *Curiosités de Paris*, et d'après Magny, rue d'Enfer, en 1529, par les exécuteurs testamentaires de Philippe de Luxembourg ; ce fut seulement en 1682 qu'il fut transféré rue d'Enfer ; Magny a commis une erreur de date.

Le *collège de Mercy*, rue des Sept-Voies, fut fondé en 1516, il fut démoli à la Révolution.

Le *collège des Cholets* fut fondé rue des Cholets en 1291, par le cardinal Jean Cholet.

Le *collège du Trésorier*, rue de Richelieu, primitivement rue du Trésor, près la Sorbonne, fut fondé en 1268 par Guillaume de Saone.

Le *collège des Marmoutiers* fut fondé en 1329 par Geoffroy du Plessis ; il fut réuni à *Louis-le-Grand*.

Le *collège d'Hubant* ou de l'*Ave Maria*, rue de la Montagne-Sainte-Geneviève, n° 33, fut fondé en 1336 par Jean de Hubant ; il fut plus tard absorbé par *Louis-le-Grand*.

En mourant Guy de Roye, archevêque de Reims, laissa un testament par lequel il enjoignait à ses héritiers d'établir, à Paris, un *Collège de Reims* et de *Rethel ;* l'hôtel de Bourgogne, rue des Sept-Voies, fut acquis à cet effet en 1412 ; les premiers écoliers furent sous la direction de Gerson ; les bâtiments, en 1807, furent en partie occupés par *Sainte-Barbe*.

Le *collège de Dormans-Beauvais*, rue Saint-Jean-de-Beauvais, datait de 1365 ; il fut fondé par Jean Dormans ; Charles V en posa la première pierre. Saint François de Xavier en sortant de Sainte-Barbe y enseigna la philosophie.

Le *collége de Boissi* fut fondé rue du Cimetière ; plus tard rue Suger, avec le produit de la vente de l'hôtel de Godefroy de Boissi en 1356 ; ses statuts furent approuvés en 1358-1359.

Les boursiers devaient être pris de préférence parmi les membres de la famille des fondateurs, des sujets de Boissi-le-Sec ou nés sur la paroisse de Saint-André-des-Arts, à condition qu'ils soient pauvres et de basse extraction ! *Non nobiles, sed de humili plebe et pauperes, sicut nos et predecessores nostri fuimus.*

Le *collège des Bons Enfants,* rue Saint-Victor, n⁰ˢ 66 et 68, fut fondé en 1357, sa dénomination provenait de ce qu'alors on nommait les étudiants : *Bons enfants.* Le pape Innocent IV, autorisa les écoliers à célébrer la messe dans leur chapelle ; ce collège compta parmi ses élèves Calvin et Saint Vincent de Paule ; il devint séminaire sous le nom de Saint-Firmin ; par ordre du cardinal de Noailles, en 1713, les boursiers passèrent à Louis-le-Grand.

Le *collège d'Autun,* rue Saint-André-des-Arts, n⁰ 30, fut fondé en 1341 par Pierre Bertrand, évêque d'Autun.

Le boulevard Saint-Michel qui, en 1862, se nommait boulevard Sébastopol (rive gauche) enlevait, par son percement, les n⁰ˢ 85, 89 et 93, derniers vestiges des *collèges de Séez,* de *Narbonne* et de *Bayeux.*

Le *collège de Séez*, rue de la Harpe, fut fondé, en 1427, par Guillaume de Langlois, évêque de Séez.

Le *collège de Narbonne*, rue de la Harpe, fut ouvert, en 1316, par Bernard de Fargis.

Le *collège de Bayeux* datait de 1205 ; il fut fondé par Guillaume Bonnet pour douze boursiers des diocèses du Mans et d'Angers.

Le *collège d'Arras*, rue d'Arras-Saint-Victor, n° 4, fut fondé en 1327 par Nicolas, abbé de Saint-Waast-d'Arras, et non par Nicolas le Canderlier ; huit boursiers touchaient chacun 75 livres tournois par an.

Le *collège de Maître Gervais* ou **Notre-Dame-de-Bayeux**, fut construit en 1370, aux frais de Charles V, rue du Foin-Saint-Jacques, n° 14 ; il fut baptisé *Gervais*, en souvenir de Gervais Chrétien, ami du roi ; en 1669, les bourses furent supprimées.

La rue de l'Ecole de Médecine engloba la rue des Cordeliers et des Boucheries-Saint-Germain (au siècle précédent Grande-Rue-de-Germain); presque à l'angle de la rue de la Harpe était le *collège Dainville*, fondé en 1380 par Michel Dainville ; ce collège entretenait six boursiers d'Arras et six de Noyon ; il fallait qu'ils eussent 14 ans pour être admis et qu'ils soient clercs et tonsurés.

Sur un ancien plan de Paris on lit : *Collège de Richelieu*, 1652, puis *Collège de Sorbonne* ou *Ecoles de Sorbonne ;* on comptait six professeurs titulaires de six chaires, ils s'y succédaient d'heure en heure ; trois le matin, trois le soir.

Un legs de l'abbé Legendre ins'itua le concours général, le 7 août 1746, il vécut jusqu'à la révolution.

En 1751, une chaire pour l'interprétation du texte hébreu de l'Ecriture Sainte fut fondée par le duc d'Orléans.

La première chaire de lecture fut fondée en 1532, par Ulrich de Géring.

La deuxième et la troisième par Henri IV, avec la Théologie contemplative et la Théologie positive pour objet.

La quatrième en 1605, par Pellagey pour l'Ecriture Sainte.

La cinquième par Rouan, pour les cas de conscience.

La sixième par Louis XIII pour les controverses.

Les inscriptions se prenaient le 22 septembre, jour de l'année scolaire et puis à Pâques ; pendant trois ans, les étudiants n'obtenaient de grades en Théologie qu'après avoir passé un *Triennium,* trois examens et obtenu de leurs maîtres autant de certificats d'assiduité et de capacité ; ils étaient maîtres avant d'être bacheliers, puis licenciés en théologie ; enfin, ils recevaient le bonnet de docteur des mains du chancelier de Notre-Dame ; ce bonnet coûtait 900 livres, mais les docteurs *Ubiquistes* n'appartenant pas à la Sorbonne ni à la maison de Navarre ne le payaient que 600.

VIII

L'Hôtel-Dieu.

Paris compte environ deux millions six cent mille habitants. Il y en a un million qui frémissent à ce seul mot : hôpital.

Mercier, dans son *Tableau de Paris* (1780), commence ainsi son article sur l'*Hôtel-Dieu* : « J'irai à l'hôpital, s'écrie le pauvre Parisien ; mon père y est mort, j'y mourrai aussi. »

A nos oreilles, ce mot : hôpital, sonne comme un glas funèbre ; c'est la solitude, l'abandon, le malade est éloigné des siens, il est livré à des mains mercenaires.

Le pauvre malade, chez lui, n'a qu'un grabat, il n'a pas de feu ; mais il a, à son chevet, une mère, une femme, un enfant, une sœur ou une famille qui semble lui dire : « Courage ! » Son regard errant aux quatre coins du taudis, peut reconnaître des objets qui lui rappellent le passé, peut-être un souvenir heureux, une joie fugitive, une heure de bonheur ; c'est une consolation. S'il meurt là, une main amie et dévouée lui ferme les yeux ; son dernier regard a encore pu lire dans les yeux de ceux qu'il aime et qu'il quitte : « Courage ! nous nous reverrons. »

A l'hôpital, rien de tout cela : un lit blanc, il est vrai, de grands médecins, de bons médicaments ; mais c'est pour le physique cela ; pour le moral : rien. Un infirmier qui attend dans un coin que *l'homme ait fini* pour l'enlever aussitôt ; car la place est attendue. Un autre râle sur un brancard à la porte.

L'homme, le *numéro*, va mourir, ses yeux cherchent : rien que le vide, des visages froids et insouciants ; sa main s'agite, rien à presser ; il ne trouve encore que le vide. Il se cramponne aux draps, aux couvertures, aux barres de fer du lit. Il voudrait attendre le jour de la visite ; la visite c'est dans deux jours ; la mort n'attend pas. L'infirmier prépare la *boîte au domino* ; le malheureux laisse échapper un cri suprême. On tire les rideaux. Les malades disent tout bas en se signant : « c'est fini ! » Et, un quart d'heure après, l'homme est à l'amphithéâtre.

Pendant sa vie, il a travaillé pour nourrir les autres, sans pouvoir, lui, se nourrir, son existence a été le tonneau des Danaïdes ; il fait froid, il gèle, lève-toi, il fait chaud, crève, mais lève-toi, les gosses sont là qui attendent la pâté, il faut aller à l'ouvrage même à genoux ; pas de pitié, la nécessité, cette marâtre n'admet ni défaillances, ni maladie. Le malheureux a été de son vivant la victime d'une mauvaise société, mal organisée ; après sa mort, son cadavre sera charcuté par les élèves, il sert encore, on apprend à connaître la maladie qui l'a tué pour sauver les vivants.

Si une jeune fille entre à l'hôpital, quelle douleur elle éprouve, le matin à l'heure de la visite, quand le médecin de service, escorté de ses internes, soulève brusquement les draps, la découvre à nu. Tout son sang lui monte au visage, elle paye de sa pudeur l'hospitalité qu'on lui donne, et, assurément, plus d'un assistant oublie une seconde qu'il est médecin pour se souvenir qu'il est un homme.

On l'interroge, elle peut à peine répondre ; le plus souvent sa voix se perd dans les sanglots...

Hégésippe Moreau, le doux poète, le chantre de la Voulzie, dans un séjour qu'il fit à l'hôpital, en 1832, composa une pièce de vers intitulée : *Souvenir à l'hôpital* :

> Si seulement une voix consolante
> Me répondait, quand j'ai longtemps gémi ;
> Si je pouvais sentir ma main tremblante
> Se réchauffer dans la main d'un ami.

Quand Hégésippe Moreau écrivit ces vers, il était déjà très malade ; il sentait qu'il serait bientôt un *numéro à renouveler*, comme disent les infirmiers.

Et pourtant pour lui, comme pour beaucoup d'autres, l'hôpital est un palais. Voici un fragment de lettre inédite, qu'Hégésippe adressa à un ami, qui nous prouve cette triste vérité...

« J'ai parfois des élans de piété et de recon-
« naissance pour le ciel, car enfin je suis bien
« faible, mais je ne souffre pas. Je suis à l'hô-
« pital, mais c'est là de l'opulence. Pour moi je
« n'ai pas de famille, mes désirs sont bornés.
« J'ai tant souffert qu'il me suffit d'être à l'abri
« de la douleur. »

Ce fragment de lettre peut s'adresser à tous ceux qui entrent à l'hôpital.

Gilbert, un poète dont chacun connaît la mort, n'écrivait-il pas, huit jours avant la fin de son agonie, ces vers célèbres :

> Au banquet de la vie, infortuné convive,
> J'apparus un jour... et je meurs !...
> Je meurs, et sur ma tombe où lentement j'arrive,
> Nul ne viendra verser des pleurs.

Ces vers étaient gravés sur une plaque de marbre, sous le vestibule du bâtiment méridional de l'Hôtel-Dieu, afin que nos fils n'oublient point qu'il les écrivit huit jours avant sa mort, arrivée à l'âge de vingt-deux ans. Par une coïncidence singulière, cette inscription se trouvait entre les statues de Saint Landry, de Saint Louis et de Henri IV, les bienfaiteurs de l'Hôtel-Dieu, qui, par leurs libéralités, empêchèrent tant d'êtres humains de mourir dans la rue.

L'Hôtel-Dieu était composé d'une réunion de bâtiments irrégulièrement disposés, construits et ajoutés les uns aux autres à différentes époques, il était situé sur le parvis Notre-Dame, à droite de la cathédrale, où est le square aujourd'hui.

En 1804, on chercha à donner à cet amas de bâtiment quelque régularité. On construisit un pavillon avancé d'un style sévère, couronné d'une frise dorique et d'un vaste fronton ; le pavillon formait la seule façade de l'entrée principale.

Le péristyle était décoré des statues de Saint Vincent de Paul et de M. de Montyon.

L'Hôtel-Dieu, depuis sa fondation, avait considérablement amélioré son système, mais hélas ! que de choses il laissait à désirer !

Il datait des premiers siècles de la monarchie : sa fondation est un peu nébuleuse, mais il est à peu près certain qu'on la dut à Saint Landry, à l'occasion de la contagion causée par la famine de l'année 651.

C'est Archinoald, maire du palais de Clovis II, qui donna le terrain à l'évêque Landry. Ce qu'on peut affirmer, c'est que le cartulaire de Notre-Dame, daté de 829, mentionne une charte de l'évêque Inchal où il est parlé de l'Hôtel-Dieu.

Une charte du milieu du quinzième siècle attribue à Philippe-Auguste la fondation de la salle Saint-Denis, la plus ancienne de l'Hôtel-Dieu, édifiée avec la chapelle vers 1186.

La salle Saint-Denis fut fondé par le bon roi Philippe : « Et illec sont couchiers les malades « de chaudes maladies et aussi les malades de « boces et autres blesceures qui ont besoin de « cyrurgien, et contient ladite salle 80 lits. »

La salle Saint-Thomas fut construite par ordre de la reine Blanche : « Et illec sont cou-« chiers les moins malades comme ceux qui, « de maladies, reviennent à santé, gens de coi-« gnoissances, pélerins et autres. »

Sur le bord de l'eau et vers la rue du Petit-Pont : « s'étendait la seule neufe, qui est la plus

« grande de tout Lostel fondée par le bon
« saint Loys, et illec sont couchiés les fem-
« mes malades de quelques maladies que ce
« soit. »

C'est aussi sur le Petit-Pont « au chief dit
« l'Hostel-Dieu, que furent érigées les deux
« chapelles fondées par Louis IX, et décorées
« plus tard de deux beaux portaulx sous le
« règne de Louis XI. »

En janvier 1478, des lettres patentes de
Louis XI indiquèrent de nouveaux travaux :

« L'affluence des malades et des gens bles-
« sez nos guerres qui se trouvent au dict Hos-
« tel, bien traitez et gouvernez est tellement
« augmentée que nous de ce dénument infor-
« mez meus de pitié et de compassion, avons
« fait allonger et accroistre la grande salle
« d'iceulx malades jusques au portail de
« devant sur la rue du Petit-Pont, et fait de
« nouvel un corps Hostel pour les gens d'estat
« malade. »

Le 14 mars 1505, par lettres patentes données
à Lyon, François Ier après avoir examiné l'insuffisance du « local, les inconvénients du gros
« ayr contraire auxdits malades et dangereux
« pour les religieux et autres, et l'insuffisance
« des lits en chacun desquels par faute d'ai-
« sance on voit ordinairement huit, dix et douze
« pauvres en ung lit, si très pressés que c'est
« grand peine de les voir » enjoignit d'augmenter les constructions sur le petit bras de la Seine,
faire deux ou trois piles de pierres et aux deux

extrémités deux masses pour tenir des arches, et sur icelles faire construire et édifier une grande salle de cinq à six toises de largeur et de vingt-cinq de longueur.

Cela ne fut exécuté que sous le règne d'Henri IV.

La principale salle de la . contenance de cent lits, affectée aux pestiférés, conserva jusqu'en 1772, le nom de *salle du Légat*. Elle occupait l'emplacement du vestiaire et de la partie occidentale du jardin.

Les anciens bâtiments de l'Hôtel-Dieu construits sur des pilotis défectueux, menaçaient de tomber en ruines, le prévôt des marchands et des échevins autorisèrent en 1562 et en 1676, la construction des piliers et des voûtes qui relièrent les bâtiments.

Ces travaux, dirigés par l'architecte Claude Vellefaux, détruisirent complètement le pittoresque de l'Hôtel-Dieu du moyen-âge.

La voûte, lourde, écrasée et cintrée, succéda partout à l'ogive ; les hautes nefs furent coupées par des planchers.

En 1626, les échevins donnèrent suite au projet de 1513. Gamard construisit le *Pont au Double*, sur lequel fut élevé le bâtiment du Rosaire avec son magnifique portail de la rue de la Bucherie.

En 1646, Gamard construisit le pont Saint-Charles, qui relia les constructions de la rive gauche au corps de logis principal de l'Hôtel-Dieu.

La population de l'Hôtel-Dieu s'élevait alors à 2,800 malades.

Sous Louis XIV, le nombre des malades était si grand et il augmentait tant, qu'on fut obligé de mettre six malades dans un même lit, et quelquefois huit.

C'est au régent Philippe d'Orléans (1716) qu'on doit l'achèvement du bâtiment de la salle Saint-Antoine. Il ne fournit pas un sou de ses revenus ; il trouva plus simple d'établir, en faveur de l'Hôtel-Dieu, la perception d'un neuvième sur les billets de spectacles.

En 1738, les échevins de la Ville de Paris accordèrent aux administrateurs de l'Hôtel-Dieu la concession d'un terrain vague situé depuis le Pont-au-Double jusqu'à l'abreuvoir situé à l'extrémité de la rue de la Bucherie et de la place Maubert, sur le bord de l'eau, vis-à-vis du jardin de l'archevêché.

Les donations faites à l'Hôtel-Dieu remontent aux premiers jours de sa création.

C'était l'abandon exclusif des dîmes sur des terres situées à Andresy, Chatenay, Chevilly, Bagneux, l'Hay, Stéville, etc., etc.

Louis VII attribua à la maison Dieu un revenu de 3 sous 8 deniers de cens sur un terrain situé près de la porte Baudoyer.

Par un acte capitulaire (1163) de l'Église de Paris, l'évêque Maurique et son chapitre arrêtèrent d'un commun accord, qu'au décès de l'Évêque ou d'un chanoine, leur lit appartiendrait à l'Hôtel-Dieu. Cette donation était importante, car une quantité considérable de chanoines se sont succédés aux chapitres de Paris.

Les archives de l'assistance publique contiennent une quantité considérable de documents tels que legs, universels, testaments, chartes privées, qui prouvent l'empressement que la charité mettait à accroître le patrimoine des pauvres malades.

Hugues de Chateaufort donna, en 1178, deux maisons et une place situées devant Sainte-Geneviève-la-Petite.

Adam, clerc du roi Philippe II et chanoine de Noyon, légua en 1199 à l'Hôtel-Dieu deux maisons, à la condition bizarre qu'on fournirait aux malades, le jour anniversaire de sa mort, tous les mets qu'ils pourraient désirer.

Philippe-Auguste fit à l'Hôtel-Dieu une libéralité singulière ; dans une de ses lettres on lit :

« Nous donnons à la Maison-Dieu, de Paris,
« située devant l'église de la bienheureuse
« Marie, pour les pauvres qui s'y trouvent,
« toute la paille de notre chambre et de notre
« maison de Paris, chaque fois que nous parti-
« rons de cette ville pour aller coucher ail-
« leurs. »

L'accroissement constant de la population parisienne rendait insuffisant le service de l'Hôtel-Dieu ; pour y remédier, en 1217, le chanoine doyen Etienne, conjointement avec le chapitre, chargea par un statut quatre prêtres et quatre clercs des soins spirituels.

Trente prêtres et vingt sœurs, également laïques, durent pourvoir aux besoins des malades.

On exigea d'eux la chasteté et ils furent soumis à une loi disciplinaire, sous la surveillance du chapître et du maître de la *Maison-Dieu*, titre qu'on donnait au directeur de cet établissement.

Philippe-Auguste assigna à l'Hôtel-Dieu des rentes sur la prévôté de Paris ; ses successeurs ayant imité son exemple, ces rentes s'élevèrent en 1307 à 639 livres parisis 60 sous parisis ; en 1416, à 6,347 livres parisis, en 1516, à 17,302 livres parisis, et enfin, en 1616, à 318,439 livres parisis.

Voici les dates présumées de ces donations :

1223, lettres patentes de Louis VIII ; 1260, Louis IX constitua des rentes sur le Trésor royal, il assigna d'abord un revenu de deux cents livres, puis un autre de 20 livres parisis.

1286, Philippe-le-Bel confirma le legs fait par Philippe III, dans son testament, de 200 livres tournois de rentes.

1291, Jeanne, comtesse d'Alençon et de Blois, légua 20 livres tournois.

1322, Blanche, fille de Saint Louis, légua 20 livres tournois.

Saint Louis octroya l'exemption de tous droits de péages sur les denrées destinées à la nourriture des malades de l'hôpital et il ajouta, en outre, le droit de ne payer qu'un certain prix les denrées qui lui étaient nécessaires.

Aux termes d'un privilége royal remontant à Philippe IV et confirmé en 1352, par Jean II, les frères et sœurs de l'Hôtel-Dieu avaient droit de prise sur les arrivages de poissons de mer et autres denrées.

En 1314, Philippe de Valois leur accorda le droit de faire paître leurs troupeaux dans les forêts royales.

Par lettres patentes de septembre 1385, Charles V permit à l'Hôtel-Dieu de placer ses maisons sous la protection des « pannonceaulx et bastons royaulx, signez des armes de France. »

Une charte royale, datée de Juillet 1484, signée Charles VII, confirma tous les priviléges accordés à l'Hôtel-Dieu par ses prédécesseurs, y compris l'exemption des droits de chancellerie, et fait mention de quinze lettres patentes portant confirmation de donations et amortissements des propriétés de l'hôpital.

Louis XII et Charles IX octroyèrent à l'Hôtel-Dieu l'exemption du logement des hommes de guerre.

Parmi les curieuses prérogatives de l'Hôtel-Dieu, il faut citer l'autorisation qui lui fut donnée par Charles IX, en 1574, de placer 1090 livres de rentes à un taux usuraire de 12 pour cent.

Au moyen-âge, les papes et les évêques frappaient d'excommunication tous ceux qui portaient atteinte aux priviléges et aux propriétés de l'Hôtel-Dieu.

Il existe à ce sujet, dans les archives de l'Assistance publique des bulles très explicites des papes Clément VI, Clément VII, Benoit VIII, Léon X et Jules II.

Une autre source de revenus consistait, plus tard, dans les confiscations et amendes prononcées à diverses reprises contre les duellistes et contre ceux qui tenaient des maisons de jeu.

Henri IV, en 1609, ajouta aux revenus de l'Hôtel-Dieu, tous les deniers qui proviendraient des peines pécuniaires, saisies et revenus des imposteurs.

Louis XIII, par un édit royal de Février 1626 ordonna que trois sous appartiendraient à l'Hôtel-Dieu sur les trente sous que l'octroi percevait par muid de vin entrant dans Paris.

Louis XIV confirma, par un édit de Janvier 1670, le privilège accordé par Louis XIII. Cela rapporta à l'Hôtel-Dieu la somme de 900,000 livres.

En 1718, le roi, pour ne pas obliger les administrateurs de l'Hôtel-Dieu à quitter la Cité, leur accorda le privilège de *committimus au grand sceau* qui leur donnait le droit d'évoquer toutes leurs affaires religieuses devant le parlement de Paris.

Nous avons parlé plus haut de la *salle du*

Légat affectée aux pestiférés ; le cardinal Duprat l'avait dotée de cent lits.

« Cent couches assavoir chacune de six pieds de long, sur quatre de large, sous chacune desquelles couches il y aura une petite forme (sans doute un banc) de la longueur desdictes couches qui se ostera pour reposer les dicts pauvres ! »

Ce passage nous indique comment les choses devaient se passer alors, il est évident que les malades, ne pouvant pas tenir dans le même lit, ils devaient nécessairement se relayer, et cette petite forme était destinée à servir de siége à ceux qui attendaient le moment de se coucher à leur tour.

Tenon et Lavoisier furent chargés, en 1787 ou 1788, de faire un rapport sur l'état de l'Hôtel-Dieu. Voici un passage de ce rapport :

« Nous avons remarqué que la disposition générale de l'Hôtel-Dieu, disposition forcée par le défaut d'emplacement, est d'établir beaucoup de lits dans les salles et d'y coucher quatre, cinq et neuf malades.

« Nous avons vu les morts mêlés avec les vivants, des salles ou les passages sont étroits, où l'air croupit faute de pouvoir se renouveler et où la lumière ne pénètre que faiblement et chargée de vapeurs humides. Nous avons vu les convalescents mêlés dans les mêmes salles avec les malades, les mourants et les morts, et forcés de sortir les jambes nues, été comme hiver, pour respirer l'air extérieur sur le pont Saint-Charles.

« Nous avons vu, pour les convalescents, une salle au troisième étage, à laquelle on ne peut parvenir qu'en traversant la salle où sont les petites véroles ; la salle des fous, contiguë à celle des malheureux qui ont souffert les plus cruelles opérations, et qui ne peuvent espérer de repos dans le voisinage de ces insensés, dont les cris frénétiques se font entendre jour et nuit ; souvent dans une même salle, les maladies contagieuses avec celles qui ne le sont pas ; les femmes attaquées de la petite vérole mêlées avec les fébricitantes... le cœur se soulève à la seule idée de cette situation.

Cela durait depuis longtemps, puisqu'en 1748, la contagion enlevait cinq cents personnes chaque jour à l'Hôtel-Dieu.

En 1562, on constata dans cet hôpital 67,000 décès, en 1580, 10,000, en 1596, 12,000 et en 1806, 6,000.

Il résultait d'une enquête faite à cette époque que l'Hôtel-Dieu, en cinquante-deux années, avait enlevé à la France **99,044** citoyens.

L'Hôtel-Dieu fut brûlé deux fois, en 1737 et 1772, le deuxième incendie dura onze jours et détruisit toute la partie comprise entre la rue des Petits-Fossés et le carré Saint-Denis. Un grand nombre de malades périrent.

Une souscription publique fut alors organisée ; elle produisit en très peu de temps deux millions deux cent vingt-six mille huit cent sept livres.

L'opinion publique s'émut fortement de ce terrible désastre ; elle voulait le déplacement de l'Hôtel-Dieu.

Un rapport, publié en 1616, nous montre comment on écouta ces justes représentations.

Les lits étaient entassés dans les salles et les malades entassés dans les lits ; il y en avait souvent *quatre* et quelquefois *six* couchés ensemble ; on a même vu, dans quelques occasions extraordinaires, placer les malades les uns sur les autres, par le moyen de matelas mis sur *l'impériale*, à laquelle on ne montait que par une échelle.

La portion d'air que le malade respirait était de trois ou quatre mètres, et le malade aurait eu besoin d'en avoir douze pour ne pas trouver un danger de plus dans l'atmosphère qui l'environnait.

Un pareil état de choses existait-il parce que l'administration était pauvre ?

Mercier nous répond que le revenu de l'Hôtel-Dieu était tel qu'il eût pu suffire à nourrir une *dixième partie de la capitale*.

Un inventaire du mobilier de la Salle Saint-Denys, en 1537, est extrêmement curieux.

. . . .

« Mesnaige d'étain : Demye douzaine escuelles à bord, six douzaines et demye escuelles à oreilles.

« Mesnaige d'étain : Deux jastes à potage et leurs couvercles, un grand bassin à laver les piets, deux chaufferettes, ung bassin à barbier, deux bassinoueres.

« Mesnaige de bois : Deux chaises percées à dossier ».

En 1788, les malades avaient chacun dans leur service une batterie de cuisine, des marmites, chaudières et chaudrons. Car à cette époque on ne se contentait pas de réchauffer les tisanes ou de préparer les cataplasmes, on faisait cuire dans les salles la soupe des malades, le bouillon des enfants, et cela s'appelait *raccommodage des aliments.*

Il fallait avoir une crâne faim pour manger au milieu de cette atmosphère fétide.

Jadis, l'alimentation des malades était abandonnée au bon vouloir et à l'intelligence des administrateurs et des religieuses.

Voici quelle était, en 1535, l'alimentation des malades de l'Hôtel-Dieu :

« Ung ancien pauvre malade gisant en la maison, aura pour sa pitance ung morceau de mouton dont il y aura 50 telz en ung mouton de moyenne sorte. Et quand on baillera ung pied de mouton pour un morceau, la fressure avec les autres intestins sera divisée en douze parties qui seront baillées avec douze pieds de mouton à douze pauvres malades.

« Et si les malades demandent du bœuf ou autre grosse chair, alors en sera baillée à ceux qui l'auront demandé, à l'équivalence des morceaulx de mouton s'il y en a.

« Et aux jours maigres c'est assavoir le mercredy, vendredi, sabmedy, et les jours de jeùnes sera baillée portion de pitance aux pauvres malades en poisson ou en œuf en équivalent de la pitance de chair, selon le cours du marché, à la discrétion du maître et du dispencier.

« A chacun malade sera baillé tant à diner que a soupper demyon dé vin entier et sain et au desjeuner la moitié de demyon. »

L'usage de faire la cuisine dans les sa'les disparut vers 1791.

Un inventaire, fait le 10 germinal an X, porte la valeur du matériel de l'Hôtel-Dieu à un million neuf cent soixante-cinq mille francs.

L'inventaire, fait en 1836, donne au matériel une valeur de dix millions deux cent quatre-vingt-douze mille quatre cent quatre-vingt-quinze francs.

Primitivement, l'Hôtel-Dieu était desservi par des *sœurs noires*, mais elles se livrèrent à de tels débordements qu'en 1505 le Parlement les renvoya et les remplaça par des *sœurs grises*. Il nomma également huit bourgeois de Paris pour administrer la maison qui n'en fut pas mieux administrée pour cela.

En 1793, l'Hôtel-Dieu changea de nom.

Séance du duodi, la troisième décade de brumaire an II.

« Le procureur de la commune requiert que l'on change dans les hôpitaux les noms des salles de malades, et que l'Hôtel-Dieu soit appelé *Maison de l'Humanité*. Arrêté et envoyé aux travaux publics pour l'exécution. — Signé Lubin, vice-président ; Dorat-Cubières, secrétaire.

Par décret du 15 novembre 1793, la Convention ordonna de réunir l'Hôtel-Dieu au palais archi-épiscopal, elle autorisa la municipalité à disposer provisoirement des bâtiments du palais, afin que chaque malade fut seul dans un lit et que les lits fussent séparés l'un de l'autre par une distance de trois pieds.

En 1788, il avait été question de transférer l'Hôtel-Dieu à l'Ecole Militaire.

Ce projet n'eut pas de suite.

Autrefois, tous les matins, à quatre heures précises, un charriot, traîné par douze hommes, partait de l'Hôtel-Dieu. Ce chariot pouvait contenir cinquante cadavres. On mettait, dit Mercier, les enfants entre les jambes des adultes.

On versait ces cadavres dans une fosse large et profonde, on jetait dessus de la chaux, le prêtre bénissait la terre d'alentour et tout était dit.

Vers 1830, tout cela disparut, les sallés furent assainies, les médecins augmentés, les infirmiers disciplinés.

En 1856, le corps médical comptait quatre-vingt-sept médecins, trente-quatre chirurgiens et dix-huit pharmaciens, c'est-à-dire un médecin pour soixante-dix-huit lits et un chirurgien pour quatre-vingt-six lits.

Pour les infirmiers, malgré ses efforts, l'administration moderne ne se trouvait pas beaucoup plus favorisée que l'ancienne, car l'Hôtel-Dieu ne comptait qu'un infirmier sur huit malades.

C'était peu eu rapport au service, et c'était trop eu égard à la brutalité de ces hommes. Il est vrai qu'ils recevaient si peu !

Cela a toujours été un grand honneur pour les médecins d'être attachés à l'Hôtel-Dieu. Leurs portraits figuraient dans le vestibule, et c'était justice ; on y voyait Dupuytren, Bichat, etc., etc., en un mot tous les grands médecins du commencement de ce siècle.

Le nombre des lits se montait à mille dont quatre cent quarante étaient destinés aux hommes et cinq cent soixante aux femmes.

Inutile de dire qu'ils étaient toujours pleins, toutefois, l'hiver principalement.

Car il existe à Paris une classe d'individus qui ont adopté l'hôpital, comme les riches vont à leur château. A l'hôpital, ils ont du feu, un lit bien blanc, des *domestiques,* tandis qu'au dehors ils n'auraient que le grand air, la faim, la paille ou des haillons.

C'est incroyable, c'est triste, mais cela est.

Les médecins ont beau se mettre en garde contre ces gaillards-là, mais il est facile de les tromper, car ils souffrent, c'est-à-dire qu'ils pâtissent quotidiennement, et, dans cet état-là, on a toujours l'air malade.

Quelquefois ces amoureux de l'hôpital étaient pris au piége, ils tombaient malades réellement.

La plénitude tue aussi bien que la misère, et ils mouraient. Cela ne corrigeait pas les autres.

Comme il faut être ma'heureux pour trouver l'hôpital un lieu de délices !

Les salles étaient d'une tristesse à fendre l'âme. Tous ces lits blancs, rangés, alignés méthodiquement, les sœurs qui erraient comme des ombres, les plaintes de ceux qui souffraient, qui râlaient. Tout cela éclairé faiblement par une lampe suspendue au plafond. Une lampe ? une veilleuse avare qui a l'air de marchander la lumière et brûle péniblement comme pour l'amour de Dieu.

C'est la nuit sans sommeil qui était terrible. Là, l'hiver, on pouvait entendre le bruit des glaçons se heurtant au courant du fleuve, ou bien le dernier cri d'un malheureux qui se jetait par dessus le pont.

Ah ! elles sont longues les nuits à l'hôpital ; il fallait se coucher à sept heures du soir, après la prière.

L'Hôtel-Dieu a été le théâtre de bien des épisodes, entre autres pendant les tristes journées de Juin.

Les médecins et élèves montrèrent un cœur et un dévouement remarquables.

La chronique de cet hôpital est riche en souvenirs et en anecdotes. Deux célèbres médecins, Dupuytren et Jobert de Lamballe l'ont alimentée pendant bien longtemps.

C'est de l'Hôtel-Dieu qu'est partie la légende du bouillon d'onze heures.

Un malade amené un soir, vers cinq heures, fut couché, puis, suivant l'usage, l'interne de service, escorté d'un infirmier, vint pour le questionner et donner les prescriptions urgentes.

Le malade, imbu des préjugés qu'on a ordinairement contre l'hôpital, attendait anxieux ; il repassait dans sa mémoire toutes les histoires lugubres qu'on débite à tort et à travers ; il se disait : « La salle est pleine, j'arrive le dernier, on va sans doute, pour se débarrasser de moi, me faire mourir. »

Il répondit en tremblant aux questions de l'interne. Celui-ci voyant un homme plein de vie, plus malade du cerveau que du corps, ordonna un bouillon et ajouta : « Vous donnerez le bouillon d'onze heures. »

Dans la nuit, le malade mourut subitement.

Depuis cette époque, le bouillon d'onze heures est légendaire dans les hôpitaux et on emploie cette expression pour dire que l'on se débarrasse des gens à volonté.

Point n'est besoin de dire que cette calomnie, accréditée parmi les populations, n'est entretenue que par la crainte qu'inspire l'hôpital.

L'Hôtel-Dieu fut démoli en 1876.

IX

Les Théâtres.

Il faut croire que le roi Charlemagne n'aimait pas les obscénités, car il chassa les *jongleurs, farceurs* ou *histrions* qui représentaient des pièces licencieuses.

Des Mystères de la Religion furent représentés dans les Eglises, mais ils devinrent promptement aussi obscènes que leurs prédécesseurs. Ils furent interdits une seconde fois.

Alors arrivèrent de Provence les *Troubadours* et les Pèlerins qui revenaient des Croisades, ils commencèrent par réciter et chanter dans les rues de Paris ; leurs succès furent si considérables qu'ils formèrent une troupe qui acheta l'Hôpital de la Trinité où, sous le nom de Confrères de la Passion, ils représentèrent, les Dimanches et Fêtes, des Mystères du Nouveau Testament.

La première tragédie fut représentée sur la scène des collèges de Rheims et de Boncourt, en présence de Henri II et de sa Cour, par les soins de Jodelle, en 1552.

Un théâtre sur une *table de marbre* n'est pas chose ordinaire, il y en eut pourtant un, en 1580, dans la grande salle du Palais ; il appartenait aux Basochiens. Mais leur esprit satirique fit que le Parlement dut les rappeler à l'ordre et leur faire supprimer « ce qui choquait la pudeur et les attaques contre les particuliers et gens de naissance ».

Rue des Mathurins, des comédiens de province, en 1684, louèrent une salle de l'hôtel de Clugny, mais comme ils n'avaient pas d'autorisation, le Parlement leur fit défendre, par un arrêt, de jouer en public.

Des comédiens italiens, sous le nom de *Gelosi*, vinrent de Venise à Paris, appelés par Henri III, pour jouer la pantomime sur le théâtre de l'hôtel de Bourbon, construit en 1588 ; les comédiens de l'hôtel de Bourgogne obtinrent leur suppression.

C'est de cette époque que date l'introduction en France de ce genre de spectacle.

Rue Michel-le-Comte, il existait un ancien Jeu de Paume ; en 1632, des comédiens de province y ouvrirent un théâtre, mais les voisins se plaignirent et la troupe dut cesser ses représentations.

En 1630, une troupe de jeunes gens de famille ouvrit un théâtre dans le faubourg Saint-Germain, sous le nom de *La Croix-Blanche*. Ils n'eurent aucun succès, ils durent fermer, faute de spectateurs.

En 1677, on ouvrit, au Marais, une salle de spectacle sous le nom de *Théâtre de Bamboche*. Les acteurs n'étaient que des petits enfants.

Il ne dura que quelques mois.

Théâtre Séraphin. — Le nom de Séraphin est universellement connu ; dès 1787 le *Théâtre des Ombres chinoises* était installé dans les galeries du Palais-Royal, au numéro 127 (119, 120 et 121 actuels) ; on y donnait deux représentations par jour, le prix des places était de douze à vingt-quatre sols. Voici une affiche du temps qui l'indique :

PAR PERMISSION DU ROI ET DE Mgr LE LIEUTENANT DE POLICE

AU PALAIS ROYAL

OMBRES CHINOISES

ET

FEUX ARABESQUES

D'UN NOUVEAU GENRE

Spectacle que L. L. M. M. et toute la famille royale ont honoré de leur présence et de leur satisfaction.

LE SIEUR SÉRAPHIN .˙. Breveté du Roi aura l'honneur de vous donner tous les jours une représentation à six heures du soir.

Le spectacle sera augmenté de plusieurs scènes nouvelles, entr'autres le *Tableau du Palais Royal*, précédé des *Mains parlantes* et de plusieurs métamorphoses.

Le spectacle variera tous les jours.

On prendra 24 sols aux premières et 12 sols aux secondes.

P.-S. — Ce divertissement est fort honnête et MM. les ecclésiastiques peuvent se le procurer.

Un *annonceur* se tenait devant la porte, invariablement coiffé d'une casquette en toile cirée et emprisonné dans un vaste tablier noir, garni de deux poches d'une profondeur inouïe, dans lesquelles ses mains, quelque temps qu'il fît, étaient toujours enfoncées. A côté de lui se tenait Louis, dit le *Borgne,* un des meilleurs pitres d'alors. L'*annonceur* invitait le public à entrer, en lui énumérant les principales scènes visibles dans l'intérieur ; quand le public paraissait indifférent, le *Borgne* faisait des grimaces et la foule s'amassait pour écouter ses plaisanteries. Des amateurs venaient de très loin, tout exprès pour l'entendre.

Le système de Séraphin était des plus simples : la scène était entièrement masquée par un tableau en toile blanche fortement tendue ; derrière, étaient placées plusieurs lampes projetant une vive lumière.

Entre la lumière et le tableau un homme faisait manœuvrer des marionnettes en carton ; la salle où se trouvaient les spectateurs était naturellement dans l'ombre.

Ce spectacle fut fort à la mode ; il y eut un temps où, dans certaines familles, il était d'usage de faire exécuter ce genre de récréation dans leurs salons. Qui ne se souvient d'avoir entendu dans les quartiers aristocratiques, surtout vers neuf heures du soir, crier : « Lanterne magique, pièces curieuses à voir ! » C'était un pauvre diable de Savoyard qui portait son spectacle sur son dos ; il était généralement accompagné d'un gamin qui tournait la manivelle d'une serinette.

La pièce qui eut le plus de succès chez Séraphin était intitulée : *Le Pont cassé.*

Beaucoup plus tard, un M. Eudel voulut faire revivre ce genre de spectacle, il reproduisit le *Pont cassé* dans sa naïveté primitive : *Nicolas, Henriette,* un *officier,* un *batelier,* un *cygne* et des *canards* étaient les principaux personnages.

Henriette était une jeune bergère qui voulait passer l'eau afin de retrouver son amoureux. Hélas ! le *pont était cassé ;* pour se consoler, elle émiettait le pain de son déjeuner aux canards et au cygne. Ennuyée, elle s'en allait ; alors arrivait l'ouvrier Nicolas, un aimable farceur, le loustic du village, que son patron envoyait pour réparer le pont. Nicolas chantait en travaillant :

> Je travaille au pont cassé,
> Tire lire, lire.

Et on le voyait travailler avec ardeur et... une pioche de carton. Arrivait un officier qui voulait passer l'eau ; il interpellait Nicolas : « Eh ! mon brave, est-ce qu'on pourrait passer ? » Nicolas répondait :

> Les canards l'ont bien passé,
> Tire lire, lire.

L'officier, furieux, lui demandait alors : « L'eau est-elle profonde ? »

> Les cailloux touchent la terre,
> Tire lire, lire.

Nicolas ne répondait qu'en chantant à son interlocuteur. L'officier tout à fait impatienté et craignant de manquer son rendez-vous, demandait l'heure à Nicolas ; ce dernier se pliait en deux, lui tournait le dos et lui montrait son centre de gravité :

> Voilà le cadran solaire,
> Tire lire, lire.

L'officier prenait une bonne résolution et... un batelier qui lui faisait gagner l'autre rive, et Nicolas restait avec son cadran en l'air. Ainsi finissait ce drame épouvantable qui amusa plusieurs générations.

Ce spectacle de *Séraphin* était fréquenté par des familles.

Quand on voulait obtenir obéissance d'un bébé, on lui disait :

« Totole ou Nini, tu n'iras pas voir Séraphin ! » La menace avait plus d'effet que la privation d'une tartine de confiture.

> Il est minuit, léger zéphyr
> Parcourant le bocage
> Cherche les roses qu'il chérit,
> Il est minuit.

Le spectacle des *Ombres chinoises* était moral, affirmait-on ; je veux le croire puisque tout s'y passait dans l'ombre, mais les jeunes abbés s'y rendaient trop fréquemment pour partager l'avis des anciens !

Le Théâtre Potins. — Rue du Vieux-Colombier il existait un théâtre qui avait été fondé en 1830, par Pauleur, bandagiste-herniaire et marchand de bretelles, ce théâtre fut démoli en 1854 pour le percement de la rue Bonaparte. Plusieurs artistes devenus célèbres dans les théâtres du boulevard y jouèrent successivement et y firent leurs premières armes : la grosse Léontine de la *Gaîté*, Lesueur du *Gymnase*, Pierre Vavasseur des *Folies dramatiques*, Duviquet, Alexandre, du *Lazzari*, Bourgeois, Delaquet, Kalpestri, Clément et le père Montreuil des *Funambules*.

Les amateurs ordinaires étaient M. et Mme Pauleur, Gauthier, Tabettier, Mlles Aimé et Laure ; Bourgeois était l'unique employé ; Dourdain remplissait les fonctions de chef d'orchestre, il ne craignait pas de se disputer avec ses musiciens, car il était tout seul ; Dinard dessinait les costumes et peignait les décors.

Quand on ne jouait pas, amateurs et acteurs se réunissaient pour faire une partie de main chaude, les perdants payaient des marrons et du cidre, quelquefois des pommes de terre frites ; on causait beaucoup et les camarades n'étaient pas épargnés, c'était un débinage en règle.

Quand il gelait fort l'hiver et que la salle était une glacière, on filoutait des planches pour se chauffer, mais seulement quand il y avait disette de bois, car chacun devait en apporter sa part, cette coutume donnait cours à une quantité de plaisanteries plus ou moins salées.

Léontine ne manquait jamais de dire à Vavasseur :

— Toi, tu auras toujours du bois, tu es une belle bûche !

Et à quoi Vavasseur répondait :

— Ça te sera utile le jour de Noël, quand on te mettra à la broche le ventre bourré de marrons.

Quand on ne jouait pas à la main chaude et que l'on était las de débiner, on chantait.

Les hommes hurlaient du Béranger, de l'Amédée de Beauplan, du Boufflers-Latteignant, du Paul-Emile Debraux et des grivoiseries de Piron.

Les femmes miaulaient du Loïsa Puget, de l'Elisa Fleury, du Baillet, du Ch. Colmance, du Frédéric Bérat, c'était un méli-mélo des plus cocasse.

La plus grande débineuse était la mère Pauleur qui se croyait un talent hors ligne.

— Saint-Ernest n'était qu'un rugisseur ; Mélingue un poseur, Frédérick Lemaître avait la voix d'un pochard, Francisque aîné était grêlé à ce point, que, si on lui jetait à la figure un litre de petits pois, pas un seul ne tomberait à terre, la Georges était une tour, un mastodonte, Madame Gauthier, la sœur de Bouffé, une pleureuse comme Madame Gilbert, Mademoiselle Mars était une insolente et une vaniteuse, Dejazet jouait trop souvent en travesti, la Boisgontier n'était qu'une poissarde, etc., etc. ; j'en passe et des meilleurs.

Comme on le voit, les plaisirs étaient variés.

Le jour où l'on jouait, les acteurs avaient le *trac*, ils faisaient de fausses entrées, ceux qui étaient en scène donnaient de fausses répliques ; c'était un barbottage insensé.

Les spectateurs criaient : « Bravo, bravo ! » D'autres s'en prenaient au pauvre souffleur, et vociféraient : « A bas le souffleur ! » Les amis de la maison rappelaient les Pauleur et Léontine, puis le spectacle terminé, tous allaient bras-dessus, bras-dessous, chez le marchand de vins du coin : *A la Grappe d'Or* ; les uns racontaient leurs impressions, d'autres félicitaient et adulaient les deux ou trois jeunes grues qui avaient bégayé leur rôle, en l'émaillant de *Pataquès* à faire frémir Dumanet. On s'écrasait les phalanges, puis... tous se blindaient et allaient se coucher. C'était ce qu'ils avaient à faire de mieux !

Théâtre Saint-Pierre. — Il était situé dans le passage de ce nom, boulevard Voltaire, il est occupé aujourd'hui par une fabrique de bronze.

Son dernier directeur fut le père Dechaume, comme on l'appelait familièrement.

Marc Fournier fut le directeur artiste ; Sari, le directeur fantaisiste ; Billion, le directeur sordide ; le père Dechaume fut le directeur bric-à-brac.

C'était un type particulier, essentiellement Parisien ; il exerça une foule de métiers ; c'est à peine s'il savait lire, mais il remplaçait l'ins-

truction absente par une forte dose de bon
sens et une activité considérable ; il débuta
comme marchand de programmes sur le boulevard du Temple, il fut ensuite élevé à la dignité
d'aboyeur, et avait un talent tout spécial pour
amorcer la foule ; il fut le précurseur de *l'homme
sommaire* — le *père la réclame* — il rêva alors
d'être directeur : il le fut avec un certain
succès.

A force d'économie, de privation, il amassa
un petit capital ; il avait fait la connaissance de
Debureau et s'était lié intimement avec lui.
Tous deux s'associèrent pour acheter une maison de laquelle ils firent un hôtel garni ; mais
Dechaume, heureux, n'était pas satisfait ; il
avait l'ambition de diriger l'un des deux
théâtres devant lesquels il avait crié si longtemps sous la neige ou la pluie : « Demandez
le programme, le compte-rendu de la pièce, le
nom des acteurs.

Son ambition se réalisa ; il devint, en 1860,
directeur des *Funambules* ; il y resta jusqu'à la
démolition de ce théâtre.

Le *Théâtre Saint-Pierre* était vacant. Plusieurs
directeurs s'y étaient ruinés ; il avait la guigne
d'ailleurs. Pour y arriver, il fallait vraiment
avoir l'envie d'aller au spectacle. Le passage
dans lequel il était situé était un étroit couloir,
sombre, boueux, à peine éclairé ; il fallait savoir,
ou plutôt deviner qu'il y avait là un théâtre. Il
est vrai qu'à chaque bout du passage il existait
une lanterne comme celle des hôtels garnis,

qui l'indiquait, mais il fallait savoir qu'il y avait là une lanterne, car elle était si mal éclairée qu'il était impossible de déchiffrer l'inscription.

Le père Dechaume, que rien n'effrayait, loua la salle. Il commença par y faire jouer le drame. Voyant que le public n'affluait pas, se rappelant qu'il avait eu aux *Funambules* de grands succès avec les revues de fin d'année, il appela à lui les jeunes auteurs : Monréal, Blondeau, Lémonnier, etc., qui devinrent ses fournisseurs attitrés.

Les revues : *Asseyez-vous dessus* — *Tout Paris la verra* — *Faut nous payer ça*, furent jouées cent à cent cinquante fois, ce qui était considérable pour l'époque. Le public avait appris le chemin du théâtre Saint-Pierre.

Parmi les artistes qui concoururent à son succès, le père Forestier tenait la corde ; c'était avec Oscar, des *Délassements*, un des meilleurs compères de revues qu'on ait applaudi, depuis que ce genre avait pris rang, venaient en seconde ligne : Gilbert et Nérée, et enfin Mme Virginie Rolland.

Le père Dechaume avait rêvé de mettre en pratique les utopies de Considérant. Il créa une sorte de phalanstère où il nourrissait et habillait ses artistes. Pour eux, il s'improvisa marchand de vins, logeur, cordonnier et tailleur. Chaque matin il se rendait au Carreau du Temple ; là, il achetait aux marchands d'habits toutes les défroques imaginables ; il les faisait retaper, dégraisser, ajuster à la taille de chacun. Comme ils sont bien mis, disait-il avec orgueil ; on dirait que Dusautoy les habille !

Il ne bornait pas là ses munificences. A chaque centième, il donnait un banquet, offrait une robe à chacune de ses actrices ; il donnait une gratification aux acteurs et un cadeau aux auteurs, généralement une pendule afin qu'ils fussent exacts aux répétitions.

Le père Dechaume aimait les jeunes, et il n'eut qu'à s'en féliciter, puisqu'ils firent sa fortune.

Se trouvant trop à l'étroit au *théâtre Saint-Pierre,* il acheta le bail du *théâtre Déjazet.* Malgré des efforts prodigieux, il ne réussit pas ; de plus il dut plaider avec la veuve de Debureau ; en peu de temps il fut ruiné.

Le père Dechaume, vieux, fatigué, renonça au théâtre ; il s'établit marchand de bric-à-brac dans une petite boutique, boulevard Saint-Germain. Ce fut là qu'il mourut, en 1885, oublié de tous.

Le Vaudeville. — L'Assemblée nationale, par sa déclaration du 19 janvier 1791, donna liberté pleine et entière aux entreprises théâtrales. C'est à ce nouveau régime que le Vaudeville dut sa naissance. Voici comment :

La Comédie italienne (l'Opéra comique) voulant se mettre en mesure de soutenir la concurrence que lui faisait le théâtre de *Monsieur* en représentant aussi des opéras français et des opéras italiens, congédia ceux de ses artistes qui ne jouaient que la comédie et le vaudeville.

Parmi les acteurs renvoyés, les uns allèrent fonder le *Théâtre du Marais,* qui disparut en 1807, lorsque Napoléon rétablit la limitation du nombre des théâtres de Paris. Les comédiens sous la conduite de Rosières, artiste aimé du public, se concertèrent avec les auteurs Piïs et Barré, louèrent dans la rue de Chartres (démolie depuis pour l'achèvement du Louvre) une salle de Bal connue sous le nom de *Waux-Hall* d'hiver.

L'architecte Lenoir transforma cet emplacement en théâtre, dit du Vaudeville, dont l'ouverture eut lieu le 12 janvier 1792, par une pièce en trois actes de Piïs, intitulée : *Les deux Panthéons,* ce qui fit dire plus tard :

> Dans le pays où nous sommes,
> Je vois qu'il existe à Paris,
> Et le Panthéon des grands hommes,
> Et le Panthéon des petits !

Pendant la période révolutionnaire, le Vaudeville eut à soutenir des luttes continuelles ; il devait, à l'exemple des autres théâtres, jouer des pièces flattant l'opinion du jour. Or, chaque auteur y mettait parfois des restrictions qui amenaient des scènes tumultueuses au préjudice des écrivains. C'est ce qui arriva bientôt à Barré, Radet et Desfontaines, à l'occasion de la *Chaste Suzanne.*

Le public crut y voir des allusions au sujet du procès fait à la reine Marie-Antoinette. Au moment où le juge dit aux deux vieillards accusant Suzanne :

— Vous êtes ses accusateurs, vous ne pourriez être ses juges ; un tonnerre d'applaudissements, mêlé de sifflets, ébranla le Théâtre, et bientôt le tumulte devint si grand, qu'on fut obligé de faire évacuer la salle. Les auteurs furent arrêtés le lendemain et mis en prison.

On leur fit comprendre que le seul moyen de recouvrer leur liberté était de composer, en forme d'expiation, un vaudeville de *circonstance*. Les descendants d'Olivier Basselin se mirent à l'œuvre et improvisèrent un vaudeville intitulé : *Au retour*. Le couplet suivant, qui fut chanté par l'actrice qui remplissait le rôle de Manon, ouvrit aux auteurs la porte de leur prison :

> Si j'fais un amant, dit Manon,
> Je veux que ce soit un bon luron,
>   Qui soit bon patriote,
> L'âge et la mise n'y f'raient rien,
> Mais, pour son bien comme pour le mien,
>   J'l'aimerais mieux sans culotte.

Un incendie, qui éclata dans la nuit du 16 au 17 juillet 1838, détruisit le Théâtre de la rue de Chartres.

Le vaudeville s'établit provisoirement dans le Café-Spectacle du boulevard Bonne-Nouvelle ; il y resta jusqu'au 16 mai 1840. Alors, il vint occuper la salle de la place de la Bourse dont voici l'origine :

En 1826, Bérard, ancien directeur du Vaudeville, avait obtenu du ministre de l'Intérieur, Corbière, le privilège d'un nouveau Théâtre. Ce directeur s'associa M. Langlois, l'un des propriétaires du passage Feydeau.

Sur une partie de l'emplacement de ce passage, ils firent construire, d'après les dessins et sous la direction de M. Debret, architecte, une jolie salle de spectacle, avec de belles maisons à droite et à gauche. Cette salle et ses dépendances coûtèrent 3,467,000 francs. La nouvelle entreprise reçut le nom de *Théâtre des Nouveautés*, et l'ouverture eut lieu le 1er mars 1827.

Après une alternative de bons et de mauvais jours, le théâtre des Nouveautés fut fermé le 15 février 1832.

Au mois de septembre de la même année, le Théâtre de l'Opéra-Comique, qui avait déserté la salle Ventadour, vint se fixer à la place de la Bourse. Lors du retour de ce spectacle à la salle Favart, le Théâtre de l'Opéra-Comique céda la place au Vaudeville, dont la démolition eut lieu pour l'exécution du prolongement de la rue Réaumur, en 1868, aujourd'hui rue du Quatre-Septembre.

Le Théâtre du Vaudeville ne vit pas des scènes tumultueuses que sous la première révolution, lors des représentations des *Deux Sœurs*. d'Emile de Girardin, du *Nouveau Cid*, de G. Hugelmann et de *La Foire aux idées* qui blaguait si bien Proud'hon, il y eut chaque soir un tapage effroyable, jamais de ma vie je n'ai vu un tel débordement de sifflets.

Les Folies-Montholon. — En 1879, on lisait dans tous les journaux :

Dimanche prochain, 9 février, à quatre heures, aura lieu l'inauguration de la nouvelle église gallicane, fondée par l'abbé Loyson, ex-père Hyacinthe, rue Rochechouart, 7.

Mais c'est aux *Folies-Montholon*, disait-on ; cela est impossible, jamais le père Hyacinthe n'aurait osé choisir une ancienne salle de spectacle pour la transformer en église ; toutes les prières du monde seraient insuffisantes pour purifier le sanctuaire, où l'image de Dieu va succéder au grand écart de Clara-la-Balocheuse, et les chants sacrés à la *Langouste atmosphérique*.

Cela était pourtant vrai , à Montrouge succédait l'abbé Loyson.

Les *Folies-Montholon* étaient situées au fond d'une cour ; la salle n'avait rien de remarquable.

Elle avait été exploitée par le joyeux couple Macé-Montrouge.

Malgré le grand talent de ces deux artistes, le public ne prit pas le chemin de ce théâtre pas plus qu'il n'avait pris celui de la *Tertullia*, nom qu'il avait précédemment.

On y jouait le vaudeville et l'opérette. Ce théâtre dut fermer ses portes après une ruine complète ; la salle resta comme elle était lors de la fermeture.

Comme bien on pense, le père Hyacinthe avait fait disparaître tout ce qui pouvait rappeler son ancienne destination. A la place où figuraient les affiches annonçant le spectacle, il avait fait placer l'heure annonçant les offices ; sur la façade, au faîte, une croix en carton-pâte avait été posée ; au-dessous, on lisait l'inscription suivante : *Eglise catholique gallicane.*

L'entrée n'avait pas été changée. Pour pénétrer dans le Temple-Spectacle, il fallait ouvrir
une grande porte vitrée : celle où se trouvait
jadis le contrôle, puis, traverser deux couloirs
entre lesquels se trouvait l'autel ; à côté était la
chaire, soutenue par un seul pilier et séparée de
l'autel par une balustrade en bois découpé,
comme il en existe dans les brasseries dites alsaciennes.

Les murs étaient blanchis à la chaux, et l'in-
tervalle des colonnes, dans les galeries, était
rempli par une toile peinte qui simulait des colon-
nettes en marbre.

La voûte se composait de trois parties : un
vitrage, une partie plafonnée peinte en bleu de
ciel, l'autre partie, qui dominait l'autel, peinte
en bleu foncé, constellée d'étoiles en papier
doré.

Comme sièges, quelques banquettes et des
chaises de paille semblables à celles de nos jardins publics.

On se serait cru absolument dans une baraque
de foire, chez Marseille ou chez A. Delille.

C'était, d'ailleurs, l'opinion formulée, dans
une lettre, datée du 2 Janvier, par l'archevêque
de Paris, Mgr Guibert, qui répondait au père
Hyacinthe à l'invitation, qu'il lui avait adressée,
d'assister à *la première*. Voici le passage :

. . . .

« Autour de votre tribune schismatique, on
verra quelques personnes sans croyance atti-
rées par la curiosité ; on n'y verra point de dis-

ciples ; votre secte ne fera point d'adeptes ; vous n'atteindrez même pas à la fortune de l'Eglise française de Chatel qui, après un certain nombre de réunions qui ressemblaient à des représentations de théâtre, disparut sous l'indifférence et le mépris.

« Et quel lieu avez-vous choisi pour y dresser votre chaire d'erreur ? »

Comme il y avait loin des *Folies-Montholon* à Notre-Dame?

Malgré le talent du prédicateur, les auditeurs redoutaient à chaque instant d'entendre retentir les fameux cris : Location de lorgnettes! Orgeat, limonade, bière !

Qui disait donc que notre République n'était qu'un pastiche servile de la première ? C'était une calomnie, car, en 1793, on transformait les églises en salles de spectacle, celle de Saint-Barthélemy, par exemple, en *Théâtre de la Cité ;* tandis que, au contraire, nous transformions les théâtres en églises.

Le père Hyacinthe aurait pu nous inonder d'eau bénite que jamais le Conseil municipal de Paris n'eût songé à imiter le Conseil de 1792.

Après la fermeture des églises, un père Hyacinthe quelconque, voyant que l'eau bénite était rare et recherchée, s'avisa d'en distribuer dans son quartier.

Dénoncé à la Municipalité, il fut décrété d'accusation.

Mais les conseillers ne virent, dans cette distribution, qu'un commerce comme un autre pouvant tourner au profit des contributions. Ils forcèrent le ci-devant curé à prendre une patente de *limonadier*.

On voit d'ici le père Hyacinthe, bedonnant, avec sa face de silène, circulant majestueusement autour de ses banquettes et criant : Jules, un bock à l'as !

L'église, comme le Théâtre, mourut faute de clients. La foi s'éteint, quand des paillasses transforment l'autel en tréteaux !

Théâtre Guignol. — L'esprit de chaque peuple s'est personnifié en une marionnette unique, ornée intellectuellement de toutes les grâces comiques de la nation créatrice. L'Italie a Pulcinella, brouillon, cocasse, vantard ; l'Angleterre, Punch, risible à la façon des macabres, d'une moquerie funèbre ; l'Allemagne, Hans Sachs, bonhomme pédant, raisonneur ; la France a Guignol, Jean-Claude Guignol, naïf et malin à la fois, mais toujours « bon cœur » et brave, non sans forfanterie. Un vrai Français.

D'où vient ce Jean-Claude Guignol et qui donc a prétendu qu'il n'avait jamais existé, en chair et en os ? Pas plus que les peuples heureux, les pauvres gens n'ont d'histoire, et Guignol ne voit figurer ses faits et actes dans aucune archive. Essayons pourtant de reconstituer ce personnage intéressant au plus haut point, puisqu'il nous a donné notre marionnette nationale.

Lyon possédait des théâtres de Polichinelle dès le seizième siècle, importés par les ouvriers

Lombards, qui vinrent en grand nombre s'établir à cette époque dans la cité des Canuts. On en voit figurer dans toutes les réjouissances locales, entr'autres à cette splendide « Fête des Merveilles » qui, quoique de fondation religieuse, ne dédaignait pas les amusements profanes. A la « Vogue de Saint-Fond » où chacun avait le droit de s'injurier en n'attendant comme représailles qu'une injure plus forte, à la « Vogue des Brotteaux » où se débitaient des *bugnes* par milliers, les marionnettes, mues par les doigts de l'acteur sont fameuses, mais c'est la classique farce italienne, et longtemps, jusqu'au commencement du dix-huitième siècle, ce sera de même.

Les bouffonneries de Polichinelle sont peu en rapport avec le caractère des canuts, et les intéressent médiocrement.

Voici le rénovateur, voici Guignol. La partie de Lyon connue sous l'appellation de Croix-Rousse, et qui tire son nom d'une vieille croix de pierre érigée au sommet de la Grand'Côte, contient elle-même plusieurs quartiers. L'un d'eux, celui des Pierres-Plantées, à cause des chambranles de pierre d'une porte des anciens remparts, paraît avoir été le berceau de notre héros.

On sait que les gens du peuple ont l'habitude de s'interpeller par le titre de leur pays natal. Et, quelquefois, ces sobriquets sont devenus de véritables noms de famille. C'est ainsi que naquirent les Picard, les Normand, les Lorrain. Or, il se trouvait parmi les ouvriers tisseurs venus d'Italie, une famille originaire de Chignolo, petite ville de Lombardie. D'où son étiquette patronymique de Chignol ou Guignol.

Tenons cette explication pour valable, quoiqu'il nous semble que le vieux mot lyonnais *chigner*, grogner, et *chigneul,* grognon, puisse s'appliquer, à juste raison, à notre personnage en bois, qui n'est pas toujours commode.

En somme, la famille Guignol existait aux Pierres-Plantées, et notre héros, qui fut le dernier de sa souche, émigra vers le coteau de Saint-Just, montée du Gourguillon où il fit connaissance de Gnafron et de sa femme Madelon. Il fut en butte à toutes les malchances imaginables, et plus d'un, malgré son caractère insouciant et jovial, se fût désespéré. Il riait de tout et faisait contre fortune bon cœur, se raillait des événements les plus ennuyeux, lesquels pleuvaient dru dans son existence déséquilibrée, si bien que ses proches, comparant leurs malheurs à ceux du pauvre canut et à la façon dont il s'en moquait, s'écriaient, pour dépeindre leur sentiment :

— Est-ce assez guignolant !

Laurent Mourguet, lequel fut le premier à promener notre personnage en France et le popularisa, a développé ce type de Guignol dans une longue série de pièces, en lui conservant son costume, celui des ouvriers lyonnais de la fin du siècle dernier, son accent qui est aussi lyonnais de la même époque, sa bonne humeur et son originalité d'esprit... Le caractère de ce personnage est celui d'un homme du peuple, bon cœur, assez enclin à la bamboche, n'ayant pas trop de scrupules, mais fin et de bon sens qui ne s'étonne pas facilement : qu'on dupe sans beaucoup d'efforts, en flattant ses penchants, mais qui parvient presque toujours à se tirer d'affaires, — et par dessus tout brave avec un peu de forfanterie.

Son fils, Jacques Mourguet, ouvrit le café du Caveau, place des Célestins. Sa fille Rosalie se maria à Louis Josserand et en eut deux fils : Louis et Laurent, qui sont restés fidèles à Guignol. Laurent épousa la fille de Vuillerme-Dunaud. A eux deux, ils créèrent les deux types inévitables et impérissables de Guignol et Gnafron, tels qu'ils existent dans les traditions lyonnaises. Vuillerme *tenait* Guignol, et Josserand Gnafron.

Le beau-père et le gendre établirent le café-théâtre de la rue Ecorche-Bœuf, aujourd'hui Port-du-Temple, lequel est resté comme le modèle du genre.

Plusieurs répertoires du Théâtre Guignol ont été publiés avec des variantes. Laurent Mourguet n'avait pas écrit ses pièces, on ne les connaît que par tradition, la plupart des auteurs Canuts y collaborèrent par la suite, en restant dans le caractère du légendaire personnage.

Elles sont amusantes, joviales, non exemptes de sel gaulois, mais n'ont rien de graveleux ni même de « risqué ». Les enfants aussi bien que

les grandes personnes aiment à les entendre,
car elles ne sont pas naïves, oh ! que non, et
leur gaîté est si communicative, qu'aucun spec-
tateur n'y résiste, quelque soit son âge.

Parmi les patoiements d'une langue imagée
et qui fourmille de curiosités étymologiques, je
m'amuse de relever ceux qui rendent le langage
de Jean Guignol si vif, si intense, si coloré ! Il
est des formes locales, spéciales au terroir, qui
les a vu naître. Telles sont les Pierre-Plantées,
quartier particulier de la Croix-Rousse, berceau de Guignol, le Gourguillon, montée âpre
et raide, où habita longtemps notre héros, la
Ficelle, chemin de fer funiculaire conduisant à
la Croix-Rousse, Saint-Just, la Mulatière, la
Guillotière, les Brotteaux, quartiers où sa dilec-
tion le promène, les bêches, bains froids sur le
Rhône, *faire péter ses agotios*, tirer sa coupe, *trame,
battant, tirant, canant*, canette, canut, chelu (lanterne), termes spéciaux au métier de tisseur,
berthe, boîte à lait, *peju, regrolier, regrolleur*, cordonnier en vieux, *grolles, grollons*, vieux souliers, *sempotte*, tonneau, *pinasse, barge, dromon*,
bateaux de charge, *cavet*, poltron, *gône*, indigène,
se faire péter la miaille, s'embrasser, *reluquer*, regarder, *chenu*, joli.

J'ai dit que la plupart des patoiements lyonnais remontaient aux plus pures étymologies,
c'est-à-dire que Guignol, en son jargon, presqu'incompréhensible, pour beaucoup, parle un
français plus originellement rationnel que
ceux-là, *à croupetons*, assis sur ses talons, du

sanscrit; *vinasse*, dérivé du sanscrit, défini par Burnouf dans les termes suivants : « Préfixe marquant diminution, mauvaise qualité de l'objet auquel il est joint » *la miaille* (embrasser), sanscrit défini par Burnouf « accession, addition d'une chose à une autre », *berthe*, du sanscrit *bertha,* boîte à lait ; etc, etc.

Beaucoup de mots viennent du celtique, peu du latin, quoique le développement de Lugdunum ne datât, en vérité, que de la domination romaine.

Les mots ordinaires sont déformés par une prononciation lente et nasillarde, *trainarde*, où certaines syllabes se perdent, et où d'autres s'amplifient, où se font des mutations de lettres, où s'accusent des tournures d'ignorance naïve.

En 1866, M. Josserand, le Guignol lyonnais, vint à Paris ; il ouvrit, rue Popincourt, nᵒ 78, à la jonction des boulevards Richard-Lenoir et du Prince-Eugène, dans un café aujourd'hui disparu, un théâtre de marionnettes. Il était l'acteur chargé de jouer tout, les rôles et l'auteur de toutes les pièces de son répertoire ; il n'eut pas de succès, Polichinelle n'eut pas le don de vaincre l'indifférence du public.

On a souvent dit que Polichinelle descendait en ligne directe de *Maccus*, personnage grotesque des Atellanes, natif d'Aceira, sur le territoire Osques, dont le nom ancien, comme celui du Calabrais *Pulcinella,* son héritier, signifie un poussin, un cochet, quoique, à vrai dire, les figurines antiques, qui nous ont transmis les traits du *Maccus* de Campanie annoncent beaucoup moins un cochet qu'un vrai coq et même un coq d'un âge très mûr.

Voici ce qu'il y a d'admissible dans cette descendance : le *Pulcinella*, de Naples, comme son cousin de Rome, grand garçon aussi droit qu'un autre, bruyant, alerte, sensuel, au long nez crochu, au demi-masque noir, au bonnet gris et pyramidal, à la camisole blanche, sans fraise, au large pantalon plissé et serré à la ceinture par une cordelière à laquelle pend quelquefois une clochette, *Pulcinella* peut bien, à la rigueur, rappeler le *Mimus Albus* et de très loin le *Maccus*, mais il n'a, sauf son nez en bec et son nom d'oiseau, aucune parenté ni ressemblance avec notre Polichinelle. Pour un trait de ressemblance, on signalerait dix contrastes. Polichinelle, tel que nous l'avons fait et refait, présente au plus haut degré l'humeur et la physionomie gauloises ; sous l'exagération obligée d'une caricature, Polichinelle laisse percer le type populaire de l'officier gascon imitant les allures de son maître dans la salle des gardes du château de Saint-Germain ou du vieux Louvre.

Quant à la bosse traditionnelle, Guillaume Bouchet nous apprend qu'elle fut, de temps immémorial, l'apanage des *badins* et *farces de France*. On appelait, au XVIIᵉ siècle, Adam de la Halle, le *Bossu d'Arras*, non pas qu'il fut bossu, mais à cause de sa verve railleuse :

> On m'appelle Bochu, mais je ne le suis mie

Et quant à la seconde bosse, qui brille sous le clinquant du pourpoint pailleté de Polichinelle, elle rappelle la cuirasse luisante et bombée des gens de guerre et des ventres à la Poulaine, alors à la mode, et qui imitaient les courbures de la cuirasse. Le chapeau même de Polichinelle (pas le tricorne modèle), le feutre à bords retroussés, qu'il portait encore au XVII⁰ siècle, était la coiffure de la cavalerie du Temps. Polichinelle, malgré son nom napolitain, est donc certainement un type entièrement national et une des créations les plus spontanées de la fantaisie française.

Aussi, Polichinelle, aimé de tous, devint rapidement Polichinelle-Marionnette.

Parmi les nombreuses satires politiques qui inondèrent Paris, une portait ce titre : *Lettre de Polichinelle à Jules Mazarin*, cette lettre se terminait par ces trois vers :

> Je suis Polichinelle,
> Qui fait la sentinelle,
> A la Porte de Nesle.

Jean Brioché, le premier Guignol parisien, était établi arracheur de dents sur le Pont-Neuf, en 1640, il fit construire un petit théâtre semblable à ceux des *Fantoccini* italiens, en peu de temps, il devint célèbre, en 1646, il obtint, du Lieutenant-Criminel Daubray, la permission de l'établir à la foire Saint-Germain et de parcourir les grands boulevards et les grandes places ; partout il rencontra le succès ; en 1649, il vint se fixer au Château-Gaillard, on appelait ainsi un petit pavillon fortifié d'une tourelle, situé sur le quai Conti, vis-à-vis la rue Guénégaud, en face l'écluse de la Monnaie actuelle.

Quand Brioché eut usé la curiosité des Parisiens, il conçut le projet d'exploiter l'étranger, il alla en Suisse, en compagnie d'un nommé Voisin. Les Suisses ne comprirent pas les lazzis de Polichinelle ; effrayés de sa figure étrange, ils arrêtèrent Brioché comme sorcier, et le jetèrent en prison, il dût de recouvrer la liberté à un capitaine des gardes françaises.

Brioché revint à Paris, où, aidé de son fils Fanchon, il rouvrit son théâtre de Château-Gaillard, il mourut peu de temps après. *Fanchon* surpassa son père, c'est lui que Boileau a voulu désigner, dans sa septième épître, quand il s'écrie, à propos de la Phèdre, de Pradon :

> Mais pour un tas grossier de frivoles esprits,
> Admirateurs zélés de tout œuvre insipide,
> Que non loin de la place où *Brioché* préside,
> Sans chercher dans les vers ni cadence ni son,
> Il s'en aille admirer le savoir de Pradon.

En 1703, les marionnettes jouèrent avec un immense succès une parade intitulée : *Polichinelle demandant une place à l'Académie,* elle était due à la plume de Malezieux, l'un des quarante qui l'avait écrite à l'instigation du duc de Bourbon, auquel on avait fait fermer les portes de l'Académie.

Avant le lever du rideau, Polichinelle chantait le couplet suivant :

> On fait savoir aux curieux,
> De la part de Polichinelle,
> Que l'historien Malezieux
> A fait la pièce nouvelle,
> Et qu'à tous les honnêtes gens,
> Il l'a fait voir à ses dépens.

Ces quatre derniers vers furent ainsi parodiés :

. . . .

> Que le chancelier Malezieux
> N'a point fait la pièce nouvelle,
> Que le véritable histrion
> Est monsieur le duc de Bourbon.

Le peu que nous savons de l'ancien répertoire des marionnettes est la légende du commissaire et des gendarmes rossés par Polichinelle ; pourtant, dans la Touraine et dans l'Orléanais, l'air et les couplets de la fameuse chanson de Polichinelle : *Je suis le fameux Mignolet, général des Espagnolets,* ont été conservés. Il y a cinquante ans, cette chanson faisait les délices des auditeurs de Guignol. Une petite marionnette galonnée sur toutes les coutures, quelquefois Polichinelle lui-même, parodiant *Mignolet,* entonnait la chanson qui était aussi populaire à la fin du XVIe siècle que la chanson de *Malborough* à la fin du XVIIe.

Brioché eût un grand nombre d'imitateurs ; l'histoire nous a conservé quelques noms qui furent célèbres, 1668, Archambault, Arthur Réron, 1690, Bertrandot, sous l'Empire, le célèbre Pierre eut un succès qui dépassa celui de Séraphin ; mais les plus illustres entre tous furent les frères Maffey, qui firent courir tout Paris à leur petit théâtre du boulevard du Temple.

Théâtre de l'Hôtel-d'Argent. — En 1866, dans un tas de vieux papiers, on vendit, à l'hôtel Drouot, un arrêté de police du 1ᵉʳ septembre 1609, qui réglementait l'ouverture, la fermeture et le prix des places de ce théâtre qui était situé rue de la *Poterie-des-Halles* :

Sur la plainte faite que les comédiens de l'hôtel d'Argent et de l'hôtel de Bourgogne finissent leurs comédies à heures indues et incommodes pour la saison de l'hiver et que, sans permission, ils exigent du peuple sommes excessives ; étant nécessaire d'y pourvoir et de leur faire taxe modérée nous avons fait et faisons très expresse défense aux dits comédiens, depuis le jour de la Saint-Martin jusqu'au 15 février, de jouer passé quatre heures et demie au plus tard, auxquels, pour cet effet, enjoignons de commencer précisément avec telles personnes qu'il y aura, à deux heures après-midi, et que la porte soit ouverte à une heure précise.

Défendons aux comédiens de prendre plus grande somme des habitants et autres personnes que cinq sols au parterre et dix sols aux loges et galeries, et encore qu'ils aient quelques actes à représenter où il n'y aura plus de frais, il y sera, par nous, pourvu sur leur requête.

Cinq sous le parterre et dix sous la galerie !

Au sujet du prix des places à cette époque, il existe une affiche plaisante des comédiens de l'*Hôtel de Bourgogne* :

> Venez donc, tous les curieux,
> Venez, apportez votre trogne,
> Dedans notre Hostel de Bourgogne,
> Venez en foule, apportez-nous,
> Dans le parterre, quinze sols,
> Cent dix sols dans les galeries.

Au commencement du règne de Louis XIII, la troupe du *Théâtre de l'Hôtel-d'Argent* se transporta *rue Vieille-du-Temple,* dans un local qui avait servi à un jeu de paume, il se nomma alors le *Théâtre du Marais.*

La première salle de spectacle que posséda Paris, et dans laquelle les confrères de la Passion donnèrent des représentations, se trouvait dans l'hôpital de la Trinité, à l'angle de la rue Gréneta (XVIᵉ siècle).

Théâtre Molière. — Parmi les théâtres disparus, il y aurait encore à citer la *salle Saint-Laurent,* rue de la Fidélité, dont Monréal et Blondeau firent longtemps les délices ; le *Théâtre Comte,* la salle de *la Tour-d'Auvergne* (l'école lyrique) ; le Théâtre de la rue de Thionville, aujourd'hui rue Dauphine ; le *Théâtre Doyen,* rue Transnonain, et la *salle Molière.*

Ces quatre derniers étaient des *théâtres de société.* Le plus ancien était la *salle Molière ;* il était situé dans un passage de la rue Saint-Martin, et servait aux cours de déclamation qu'y faisait, trois fois par semaine, un sociétaire de la Comédie-Française, nommé Saint-Aulaire ; les *artistes* étaient, en général, des ouvriers, des commis du quartier, des grisettes et des cocottes ; aucuns n'étaient appointés, mais, pour couvrir les frais de la salle, le directeur avait recours à un ingénieux moyen.

Chacun des acteurs-élèves, participant à la représentation, versait d'avance une somme proportionnée à l'importance du rôle qu'il devait remplir : un premier rôle, par exemple, versait quinze francs, un amoureux, dix francs, un traître, cent sous.

Le Directeur n'ouvrait pas de guichet, parce que le terrible préposé au droit des pauvres n'eut pas manqué de mettre son nez dans l'affaire ; pour y échapper, il déposait, chez le concierge du passage, les billets disponibles que les amateurs du quartier venaient acheter en cachette au prix de dix ou quinze sous.

Rachel joua au *Théâtre Molière*, ainsi que d'autres artistes devenus célèbres.

La salle fut abandonnée pour servir à des réunions publiques. Elle fut démolie en 1894.

Le *Théâtre Comte* fut primitivement installé dans une cave de l'hôtel des Fermes, rue du Bouloi, où se trouve actuellement l'imprimerie Paul Dupont. En 1817, quand les Franconi abandonnèrent la *Salle du Mont-Thabor*, ou ancien Cirque-Olympique, Comte prit leur place ; de là, il s'installa passage des Panoramas. Ce local devint insuffisant ; alors il alla au passage Choiseul, dans le théâtre des Bouffes actuel.

Au début, Comte, célèbre comme prestigitateur et ventriloque, donnait des représentations de magie, de fantasmagorie et d'ombres chinoises; plus tard, lorsqu'il s'installa au passage des Panoramas, il obtint l'autorisation de composer une troupe d'enfants ; on lui en permit trois seulement.

Hyacinthe, vers 1820, y débuta à l'âge de sept ans.

Comte obtint un énorme succès ; il délaissa les pièces enfantines et joua des fééries, des pièces à costumes et à trucs et des opéras-comiques.

Tout le monde se souvient du distique qui figurait sur les billets et sur les affiches :

> Par les mœurs, le bon goût, modestement il brille,
> Et sans danger la mère peut y conduire sa fille...

Malgré cela, le public déserta la salle, et, en 1855, le *Théâtre Comte* disparut.

En 1832, le petit *Théâtre du Panthéon* fut construit sur l'emplacement de l'ancien cimetière de Cambrai, il disparut pour le percement d'une rue.

Le boulevard du Temple fut ouvert le 7 Juin 1786, sur l'emplacement des terrains de l'Hôtel Foullon.

C'était une kermesse perpétuelle, une foire essentiellement parisienne, une ville dans la ville, qui n'avait pas sa pareille au monde, elle était célèbre dans l'univers entier.

Desaugiers chantait ainsi le boulevard du Temple :

> La seul' promenade qu'ait du prix
> La seule dont je suis épris,
> La seule où j'm'en donne, où ce que j'ris,
> C'est le boulevard du Temple à Paris.

Les théâtres s'étaient groupés sur ce boulevard ; quand il n'y avait pas de place dans l'un, l'ouvrier qui était sorti avec l'intention formelle d'aller quand même au spectacle, entrait dans un autre, les théâtres déshérités profitaient ainsi du trop-plein des théâtres en vogue.

En sortant du faubourg du Temple, à gauche, on rencontrait immédiatement sur le boulevard, le *Café des Mousquetaires*, le *Théâtre Historique*, plus tard *Théâtre Lyrique*, les *Folies-Dramatiques*, le *Cirque-Olympique* qui, sous le second Empire s'appela le Théâtre-Impérial, la *Gaîté*, les *Funambules*, les *Délassements comiques* et enfin le *Petit-Lazzari*; entre chaque théâtre, cela va sans dire, il y avait un café, mais trois seulement furent célèbres à différents titres : le *Café des Mousquetaires*, le *Café de l'Epi-Scié* et le *Café Achille*.

Je ne parle pas du *Café Turc*, il était sur la rive droite du boulevard et existe toujours, de nom seulement, car il ne ressemble en rien à celui d'autrefois.

Le CAFÉ DES MOUSQUETAIRES était le Helder du peuple, sa clientèle se composait d'artistes qui venaient, après le théâtre, y souper à bon marché ; d'ouvriers, d'étudiants, curieux de voir de près les « reines de la rampe. »

Le CAFÉ DE L'EPI-SCIÉ était dans un soussol ; c'était le rendez-vous de la lie du boulevard. On peut se faire une idée de ce que pouvait être ce public, quand on saura que les habitués du boulevard étaient eux-mêmes la lie de Paris.

On y jouait le *passe-dix* et le *petit-paquet*. C'était le rendez-vous des chevaliers du surin, des caroubleurs, des marchands de contre-marques, des lutteurs de la foire ; là se combinaient les vols, les assassinats ; ah ! c'était un joli public, dans lequel souvent la police jetait ses filets, la pêche y était toujours miraculeuse.

A côté du *Café de l'Epi-Scié* se trouvait le caveau *Mac-Moc,* tenu par Léon. Le grand succès de cet établissement souterrain fut une chèvre qui passait sur une planche peinte, à côté de laquelle une corde était tendue, l'illusion était complète, les spectateurs étaient persuadés que la chèvre marchait sur la corde raide. *Mac-Moc* faisait la parade à une fenêtre du premier étage et vantait le mérite de Mlle Didgilah, nom de la chèvre acrobate. Après la démolition du boulevard, *Mac-Moc* devint un fonctionnaire ; il était surveillant des *Lanciers du Préfet,* chargés de balayer le faubourg du Temple.

Le *Café de l'Epi-Scié* avait été construit sur l'emplacement occupé jadis par la baraque où s'illustrèrent Bobèche et Galimafré, ce dernier est mort, en 1869, rentier à Montmartre.

Le *Café Achille* avait été baptisé par les *grecs, Café de la Basse-Grèce* ou *Café de l'Allumage* ; c'était là, en effet, que se réunissaient les *grecs,* qui opéraient dans les tripots tenus par les marchands de vins ou dans les cafés borgnes, pour se vendre ou s'acheter des dupes, car la dupe était une marchandise autrefois, comme aujourd'hui sans doute.

Lorsque l'un d'eux avait rencontré un malheureux provincial, qui flânait devant les théâtres du boulevard, il l'amenait au *Café de l'Allumage*, sous un prétexte quelconque.

Là, le *pigeon* était jaugé sur la mine par une douzaine de *grecs*, qui en achetaient aux enchères, dans un langage convenu, la propriété au *dénicheur*.

Le prix fait et payé, le *pigeon* était présenté à sa proie et on lui donnait rendez-vous, pour le soir, dans tel ou tel tripot, sous prétexte de le présenter dans le monde.

On voyait quelquefois des *pigeons* payés dix louis ; on les désignait sous le nom de *chapons*, quoiqu'ils ne vinssent pas du Mans.

Après eux venaient les *canards*, puis les poules ; une *poule* se payait rarement plus d'un louis.

Jamais les filous ne se trompaient entre eux, ils exécutaient *loyalement* leurs conventions.

Jamais les théâtres, et particulièrement ceux du boulevard du Temple, ne furent tant suivis que pendant l'hiver de 1714, année de la grande disette. Les spectateurs mangeaient des noix et des noisettes et disaient en sortant : Nous avons épargné le bois et la chandelle ; il nous en aurait autant coûté pour nous chauffer et pour nous éclairer. Il ne fallait pas toutefois qu'ils prissent une voiture pour rentrer chez eux, car la course en fiacre, de dix minutes, coûtait 600 livres, soit l'heure, 6,000 livres... sans le pourboire ! Il est vrai que c'était en assignats !

Il y avait de tout sur le boulevard : des marchands de marrons, de coco, de sucres d'orge, de chaussons aux pommes et aux pruneaux, de pommes de terre frites ; la limonade polonaise, à deux liards le verre, faisait fureur, la bière, à quatre sous la bouteille, était le régal des huppés.

Dans le jour, les petits bourgeois faisaient du boulevard leur promenade favorite ; mais, une fois quatre heures, ils devaient céder la place au public, qui arrivait de toutes parts pour faire queue à la porte des théâtres pour avoir la meilleure place.

Ah ! c'était un curieux spectacle quand l'acteur aimé, Paulin Ménier, Alexandre, Dumaine, Christian ou Tailhade, se promenait devant les queues en attendant l'heure d'entrer en scène, les voyous, qui jouaient au *bouchon* ou à l'*anglaise*, s'écartaient respectueusement et le saluaient d'un : bonjour, M'sieu, grand comme le bras, l'acteur, en homme bien élevé, soulevait légèrement son chapeau.

Enfin, l'heure de l'ouverture des bureaux sonnait ; un immense brouhaha s'élevait ; les derniers arrivés voulaient passer les premiers ; aussitôt retentissaient des bruits formidables : à la queue ! à la queue ! Puis c'étaient les cris des marchands qui voulaient se hâter d'écouler leurs marchandises :

— Limonade à la glace, fraîche et bonne ! qui veut boire ?

— Demandez le passe-temps de l'entr'acte !

— Fleurissez-vous, mesdames, un sou la botte !

— Ma belle valence, mon beau portugal ! — Sucre d'orge à la guimauve et au réglisse ! — Voulez-vous une place moins chère qu'au bureau ? — Demandez le portrait de Paulin Ménier dans le rôle de Choppard ! — Quarante chansons nouvelles pour un sou !

C'était un vacarme assourdissant. En quelques minutes, hors les marchands, le boulevard était vide, la foule s'était engouffrée dans les théâtres ; on n'entendait plus que le pas cadencé du municipal qui se promenait mélancoliquement et aurait bien voulu s'en aller aussi.

Une fois dans la salle, avant le lever du rideau, les spectateurs se mettaient à leur aise. On ne connaissait guère l'étiquette, surtout aux galeries supérieures, chacun ôtait sa blouse, d'aucuns leurs souliers ; puis, si la toile tardait à se lever, c'étaient des cris, des chants à croire qu'on se trouvait dans un asile d'aliénés ou au Jardin des Plantes.

— La toile ou mes quat' sous ! — La toile ou j'en fais des faux-cols ! — L'embrassera, l'embrassera pas ! — Fermez donc vos boîtes, tas de mannequins ! — C'est pas toi qui la feras fermer, hé mufle !

Puis, tout à coup, on entonnait le cantique de *Cœur fidèle* ou d'*Esprit-Saint, descendez en nous* ; d'aucuns lançaient des flèches de papier qui allaient s'enflammer aux lustres ou aux girandoles, d'autres crachaient sur les crânes chauves de l'orchestre ou jetaient des pelures d'oranges. Enfin, les trois coups traditionnels étaient frappés par le régisseur, la toile se levait lentement, pendant que l'orchestre jouait l'ouverture avec force trémolos.

Alors un silence solennel s'établissait, le public était tout à la pièce. Malheur à celui qui aurait interrompu.

Dans les entr'actes, les titis, toujours affamés, avaient le choix entre *Madame Véfour* et la *Mère Gras-Double* ; toutes deux se tenaient dans le passage des Folies-Dramatiques. Leur spécialité consistait à vendre, pour deux sous, un morceau de pain dans lequel elles mettaient un morceau de gras-double rôti dans la poêle ; les plus riches allaient jusqu'à trois sous, alors, pour ce prix, ils avaient une saucisse plate. Dans le langage du boulevard, cela s'appelait un enterrement de première classe.

Derrière les théâtres du boulevard se trouvait la rue des Fossés-du-Temple, qui commençait place d'Angoulême pour aboutir faubourg du Temple. Vers minuit, cette rue présentait un curieux spectacle ; une foule d'hommes, jeunes, vieux, gris, bruns, blonds, battaient la semelle en arpentant les trottoirs ; ils attendaient ces « dames » à la sortie des artistes. Tandis que les amoureux transis se morfondaient, elles sortaient tranquillement par le boulevard. La mère Henri, qui tenait un petit débit de vins à l'angle des rues de la Tour et des Fossés-du-Temple, avait la clientèle artistique des théâtres d'en-face.

Place d'Angoulême, à la naissance de la rue

des Fossés-du-Temple, dans l'ancien hôtel du général Saint-Hilaire, Mme Morin, vers 1825, fonda un restaurant qui portait pour enseigne : *Au capucin du Marais*. Il y avait un escalier orné d'une rampe en fer forgé. Huit cavaliers pouvaient y passer de front. Cet hôtel est occupé par un marchand de fer.

Le *Théâtre Historique*. — Les fondateurs de cette salle, qui ne datait que du mois de février 1847, furent MM. Ardoin, Bourgoin, Hostein et Alexandre Dumas père. Tous quatre formèrent une société au capital de quinze cent mille francs.

La salle fut construite, en dix mois, sur les plans de l'architecte De Dreux.

La pièce d'ouverture fut la *Reine Margot*. On y joua successivement les œuvres de Dumas ; le *Chevalier de Maison-Rouge* obtint un immense succès.

Le *Théâtre Historique* succomba en 1851, la révolution de 1848 avait tué l'entreprise.

Dans la salle de l'ancien *Cirque*, on avait installé un théâtre lyrique populaire qui avait végété pendant une année.

Scribe, qui s'intéressait à cette tentative, écrivit au Prince-Président pour lui demander l'autorisation de transférer le *Théâtre Lyirque* du *Cirque* au *Théâtre Historique*. Le Président de la République fit appeler Scribe.

— Quel avenir, croyez-vous, dit-il, peut avoir un *Théâtre Lyrique* dans un quartier essentiellement ouvrier ?

— Un grand, selon moi, répondit Scribe qui tenait à son idée. Cela moralisera le peuple, qui abandonnera, petit à petit, les cafés-concerts, les goguettes, et se familiarisera vite avec la musique des maîtres.

— Je sais bien, ajouta le Président, que le peuple a l'instinct musical ; il est possible que l'opéra-comique réussisse en cet endroit, cependant, j'en doute.

— Et pourquoi, fit Scribe.

— Mon Dieu…parce que, parce que… si je vendais des diamants comme Fontana, je n'irais pas m'établir au milieu des marchands de ferrailles de la rue de Lappe !

L'autorisation, sollicitée par Scribe, fut néanmoins accordée par le Président et le Théâtre-Lyrique ouvrit.

Sa grande époque fut la direction Carvalho.

On y entendit Mme Marie Cabel et M. Meillet dans le *Bijou perdu*.

M. Montjauze dans *Jaguarita*.

Mme Borghèse dans les *Dragons de Villars*.

Mme Ugalde dans *Gil-Blas*.

Mmes Miolhan, Vanden-heuvel-Duprez et Ugalde dans les *Noces de Figaro*.

M. Michot dans la *Fée Carabosse*.

M. Bataille dans l'*Enlèvement au Sérail*.

Et encore Marie Sass, Balanqué, Junca, Laurent et tant d'autres devenus célèbres.

C'est au *Lyrique* que, pour la première fois, au bénéfice de Nelly, on entendit chanter le trio de *Guillaume Tell* en français par Tamberlick, Duprez et Bariolhet.

Le Prince-Président avait eu raison de douter que le *Théâtre-Lyrique* pût réussir, car, après douze années d'efforts, il dut fermer ses portes.

Les Folies-Dramatiques — ouvrirent le 22 janvier 1831, sous la direction d'un homme de lettres nommé Léopold, plus tard, la direction passa aux mains de M. Ch. Mouriez. Celui-ci fit une grande fortune, il avait la science d'attirer le public. La salle était malpropre, infecte, sans air, mal éclairée, les banquettes usées jusqu'à la corde, étaient rembourrées avec des noyaux de pêches, impossible de s'asseoir dans les stalles ; ajoutez à cela des décors sales, déchirés ; les acteurs habillés avec une parcimonie qui surpassait celle de Billion, de légendaire mémoire, mais la foule venait.

La raison était que ses pièces, amusantes pour la plupart, avaient pour interprètes des artistes tels que Christian, Levavasseur, Calvin, Mmes Julia Baron et Adèle qui rivalisaient de verve avec Alphonsine.

Quand le père Mouriez avait un insuccès, cela lui arrivait parfois, il tenait bon et jouait quand même la pièce chutée. Plus obstiné que le public, il savait bien que ce dernier avait l'habitude de son théâtre et qu'il viendrait quand même.

Le *Cirque (Théâtre Impérial)*. — Le *Cirque* fut

ouvert, le 2 mars 1827, sous la direction des frères Franconi.

Ces habiles écuyers étaient originaires de Lyon. On lit dans le *Moniteur* du 14 avril 1791 : « M. Franconi, citoyen de Lyon, est arrivé avec ses enfants, ses élèves et trente chevaux. Il commencera ses exercices aujourd'hui, 14, de ce mois, à dix heures, dans l'amphithéâtre de M. Astley, rue du Faubourg-du-Temple. »

Astley avait, dès 1780, établi au n° 24, rue du Faubourg-du-Temple, un manège. En 1794, Franconi père succéda à Astley et transféra son spectacle, en 1802, dans le jardin de l'ancien couvent des Capucines; mais, en 1809, il dut revenir au Faubourg.

Dans la nuit du 15 au 16 mars 1826, un incendie détruisit le *Cirque-Olympique* et ruina les frères Franconi. Chose curieuse, on jouait l'*Incendie de Salins*. C'est alors qu'à force d'instance, ils obtinrent le privilège de faire construire le *Cirque* du boulevard du Temple.

Le *Cirque* avait la spécialité des pièces militaires. Toute la période Napoléonienne y passa : *Bonaparte à Toulon*, l'*Histoire d'un Drapeau*, etc. Une pièce qui eut un immense succès : *Les Cosaques*, dut sa vogue à Alexandre, qui jouait le rôle du conscrit Panel, et Paulin Ménier, celui du sergent Duriveau. On ne reverra de longtemps, sur la scène, deux types militaires aussi réussis.

La *Gaîté*. — C'est Nicolet, le grand Nicolet, célèbre dans les foires de Saint-Germain et

Saint-Laurent, qui fonda, en 1759, le théâtre de la *Gaîté*.

Son répertoire n'était composé que de pièces grivoises, aussi eut-il, dès le début, un grand succès, à la Cour et par la ville, on ne jurait que par Nicolet.

La *Gaîté* avait son Molière ; c'était un acteur nommé Taconet, il était inimitable dans les rôles d'ivrogne et de savetier. Il était, disait Préville, si complaisamment comique qu'il eût été déplacé dans les rôles de cordonniers ! Quand il voulait exprimer le suprême degré de son mépris pour quelqu'un, il disait :

— Je le méprise comme un verre d'eau.

L'Opéra, qui voyait d'un œil jaloux la faveur dont jouissait Nicolet et sa rapide fortune, lui fit interdire la parole, c'est-à-dire qu'il dut abandonner les pièces dialoguées pour en revenir à la pantomime et aux danses de corde.

Cette interdiction dura depuis 1769 jusqu'en 1772, date à laquelle la troupe Nicolet fut appelée à donner quelques représentations devant la Cour, réunie au château de Choisy.

Mme Dubarry fut si charmée de ce spectacle qu'elle fit donner à Nicolet le titre de *Théâtre des Grands Danseurs du Roi*.

Nicolet fut le premier directeur qui, en 1777, donna une représentation au bénéfice des incendiés de la foire Saint-Laurent.

Le *Théâtre des Grands Danseurs du Roi* prit, en 1792, le nom de *Théâtre de la Gaîté*.

En 1795, ce nom fut changé en celui de *Théâtre d'Emulation*.

En 1798, la veuve de Nicolet lui rendit son nom de *Théâtre de la Gaîté*.

La féerie du *Pied-de-Mouton*, première pièce de ce genre, y fut représentée en 1806, on peut dire que tout Paris vint la voir.

En 1808, Bourguignon fit construire une nouvelle salle sur l'emplacement de l'ancienne ; le 21 février 1835, elle fut entièrement brûlée ; neuf mois plus tard, elle était reconstruite.

Les Funambules. — A partir de 1830, tout comme les *Délassements-Comiques* jouèrent de petits vaudevilles et des pantomimes arlequinades.

Debureau fit la fortune de ce théâtre : il n'est pas un Parisien qui ne se rappelle le célèbre mime.

Debureau fut le plus admirable polyglotte qu'on pût imaginer, car il savait faire comprendre ses moindres pensées dans toutes les langues ; son manque d'organe le servit merveilleusement, car ce n'est qu'après d'inutiles efforts pour jouer la comédie qu'il songea à tenter la pantomime. La nature fait bien ce qu'elle fait ; c'est surtout la mimique qui était remarquable chez Debureau, sa physionomie était peu expressive, tout le contraire de Paul Legrand.

Kalpestri, qui était la doublure de Debureau, et qui lui succéda, eut peu de succès.

C'est que la pantomime était en décadence ;

le public commençait à délaisser Arlequin et Colombine pour les cafés-concerts ; Gavroche ne riait plus quand Pierrot rossait Cassandre.

La *Revue* avait envahi la place, les maillots roses convenaient mieux aux spectateurs.

Les *Funambules* avaient un public spécial, le bon marché des places attirait les apprentis des faubourgs du Temple et Saint-Antoine, qui économisaient sur la nourriture de la journée pour s'offrir un parterre ou une galerie ; *la noce* était complète quand ils pouvaient se régaler d'un chausson aux pommes arrosé d'un verre de coco.

Les Délassements-Comiques. — Beauvisage, un saltimbanque qui desservait la foire Saint-Laurent, comme Delille ou Cochery à la foire du Trône, obtint, en 1768, l'autorisation d'ouvrir une salle de spectacle qui prit le nom de *Théâtre des Associés.* La parade se faisait à la porte pour amasser la foule.

L'arlequin Sallé remplaça Beauvisage et changea le nom de la salle : *Théâtre patriotique du sieur Sallé* fut la nouvelle dénomination.

Prévôt, comédien de province, succéda, en 1795, à Sallé.

La salle s'appela : *Théâtre sans prétention*, il fut fermé, en 1807, et remplacé par le *Café d'Apollon.*

Mme Saqui, la célèbre danseuse de corde, obtint la réouverture du théâtre, en 1815 ; elle engagea une troupe d'acrobates et de mimes ; cela dura jusqu'en 1830. A cette époque, les exercices de voltige furent remplacés par des vaudevilles et des drames.

En 1841, la salle fut démolie ; quelques mois plus tard, elle était reconstruite et inaugurée sous ce titre : *Théâtre des Délassements-Comiques.*

Les Délassements-Comiques, une fois démolis, furent transportés boulevard Voltaire, au coin de la rue d'Angoulême. Ce théâtre fut incendié dans les derniers jours de mai 1871.

Les Variétés Amusantes. — En 1779, à l'angle de la rue de Bondy et du boulevard du Temple, il existait un théâtre qui portait le nom de *Variétés amusantes.* Le privilège en avait été accordé à un acteur nommé Lécluze. Il voulut faire revivre, dans sa salle, le genre populaire et les scènes de Vadé.

Lécluze était protégé par le lieutenant de police Lenoir ; grâce à lui, les *Variétés-Amusantes* devinrent promptement le théâtre à la mode.

En 1788, sur l'emplacement qu'occupe aujourd'hui la *Comédie-Française*, il existait une méchante baraque en planches de bateau, et, à cause de cela, nommé vulgairement les *Variétés de Bois.*

Ce titre-là, pourtant, ne figurait pas sur le frontispice ; on y lisait : *Théâtre des Variétés amusantes.*

Dulaure, le moins exact des historiens de Paris, dit que Lécluze quitta le boulevard du Temple, en 1786, pour s'établir au Palais-Royal parce que le spectacle des *Variétés* prétendait à la dignité du second théâtre *français*. Il est bien extraordinaire que les acteurs des *Variétés-Amusantes* aient préféré une baraque en planches à la jolie salle du boulevard du Temple dans laquelle ils pouvaient facilement attendre la construction du *Théâtre-Français* tel qu'il est aujourd'hui, construction qui fut terminée en 1780 et qu'ils occupèrent jusqu'en 1792.

Quoi qu'il en soit, les Variétés-Amusantes retrouvèrent, au Palais-Royal, leurs succès du boulevard du Temple. *Vadé* et le genre poissard avaient fait place à de fort jolies pièces, parmi lesquelles : *La Nuit aux Aventures, Ricco, Guerre ouverte,* et *Jérôme Pointu.*

A propos de cette dernière pièce, Dulaure dit que Volange brillait dans le rôle de *Jeannot* et de *Pointu,* il prend pour des rôles des titres de pièces.

Picard, comme Molière, était en même temps auteur, acteur et directeur.

Au premier rang, se trouvait l'acteur Bordier, qui jouait dans la perfection les rôles de Jocrisses, mais surtout les Arlequins. De toutes les pièces dont il fit le succès, aucune n'eut autant de succès qu'*Arlequin Empereur dans la Lune.* Dans l'une des scènes du dernier acte, ou Arlequin, dépouillé de sa grandeur d'Empereur, est mis, pour je ne sais quel méfait, entre les mains des gendarmes, les spectateurs se tordaient de rire.

Le petit Lazzari. — De 1789 à 1798, ce théâtre fut dirigé par un italien appelé *Lazzari,* qui y mimait le rôle d'Arlequin avec un grand talent, il prit alors le nom de l'acteur aimé.

En 1798, la salle fut incendiée, et le pauvre Arlequin ruiné se tua de désespoir.

Vers 1815, le *petit Lazzari* était un théâtre de marionnettes.

En 1830, il devint un vrai théâtre avec de vrais acteurs.

Mais quels acteurs !

Il faut croire que le public les trouva bons tout de même, car ce théâtre ne cessa d'avoir une vogue soutenue, à tel point qu'on y donnait deux représentations par soirée ; il est vrai que le bon marché du prix des places entrait bien pour quelque chose dans le succès du *Lazzari* ; pour trois sous, on pouvait s'offrir un parterre, l'orchestre coûtait quatre sous, et les loges quinze sous !

Tout le monde se souvient de l'homme que le *Nouveau Journal* avait placé à la porte de ses bureaux, boulevard Montmartre, et qui arrêtait les passants en leur disant : — Ne partez pas sans lire le sommaire. Alphonse Millaud n'avait rien inventé, ce n'était qu'une réminiscence du *Lazzari*. A la porte du *Lazzari* se tenait *Bambochinet* ; il était chargé d'amasser la foule et de la retenir, par ses lazzis, jusqu'à l'ouverture du théâtre.

Il racontait les quatre ou cinq premières scènes d'une pièce qui figurait sur l'affiche du jour ; puis, lorsque ses auditeurs, bouches béantes,

attendaient la fin, il s'arrêtait brusquement...—
Entrez, disait-il, vous verrez la suite !

Au *Lazzari*, pas d'engagements, les acteurs
étaient payés à la semaine : dix francs, quinze
francs, vingt francs au plus !

Cette somme minime épargna pourtant à
bien des artistes, devenus célèbres, les horreurs
de la faim.

Tous ces théâtres, à l'exception du *Théâtre
Historique* furent démolis en 1862.

Théâtre Bobino. — Il était situé rue Madame,
au coin de la rue de Fleurus, où se trouve la
maison de l'éditeur Abel Pilon.

Vers la fin de 1816, un nommé *Saix*, dit *Bobineau*, fit construire une baraque en planches ; il
faisait la parade à la porte, monté sur des tréteaux, en peu de temps il obtint un énorme succès et prit place parmi les farceurs en renom,
le pître de la rive gauche faisait concurrence
aux pîtres de la rive droite ; il dépassa d'un seul
coup le père *Rousseau*, *Louis le Borgne*, *Bobèche* et
Gallimafré, *Gringalet*, etc., etc., de 1808 à 1820, il
était renommé comme faiseur de mots et de
calembours.

Bobineau eut d'énormes obstacles à vaincre
pour élever son théâtre au rang de Théâtre de
Vaudeville; primitivement, son spectacle était
composé de danses de cordes, de pantomimes,
de ballets comiques, de combats au sabre, les
artistes tenaient des dialogues sur la corde.

En 1807, on défendit les danses de cordes,
avec ou sans balancier, en 1809, l'autorité leva

l'interdiction pour la supprimer à nouveau trois ans plus tard.

Les bourgeois de la rive gauche n'avaient pas perdu le souvenir d'Arlequin qu'ils allaient voir à la foire Saint-Germain, malgré que cette foire eût été supprimée depuis 1786. *Bobineau*, pour leur être agréable, s'empressa d'en engager un ; quand la situation était trop embrouillée pour que le public pût comprendre, on plantait un énorme écriteau sur la scène qui expliquait l'action.

Bobineau avait, dans sa troupe, un Pierrot nommé Blanchard. Blanchard loua une grande boutique dans le cul-de-sac Coquenard et y construisit un théâtre de marionnettes ; il confectionna tout seul ses décors, ses costumes, ses trucs, ses machines, pour éviter les exigences des artistes, il en fabriqua en bois. Son installation lui coûta cinquante écus qu'il emprunta à un fruitier, il espérait rembourser cette somme sur la recette, mais le public ne vint pas, on expulsa Blanchard et ses artistes furent vendus à un bric-à-brac.

En 1836, il ne restait plus rien de la baraque de *Bobineau*, la salle avait été transformée à chaque changement de directeur.

Après des fortunes diverses, *Bobineau* dut fermer ses portes en 1870. Sur son emplacement, il s'est établi un marchand de vins. Son enseigne représente la parade de *Bobineau* avec le pierrot Blanchard, son inséparable.

La Salle Chantereine — était située au 19 bis de

la rue de la Victoire. Elle fut construite en 1835 par un nommé Grommaire, ancien machiniste à l'Opéra. Elle était d'un style empire, modeste, sans luxe, en revanche, la scène était établie dans des conditions tout à fait avantageuses au point de vue théâtral. En sa qualité d'ancien machiniste, le père Grommaire avait apporté là tout son savoir : châssis, portants, trappes, trappillons, costières, etc., rien n'y manquait.

Tout ce matériel était inutile, étant donné le genre des pièces qui y étaient représentées. On y jouait principalement la comédie et la tragédie.

Beaucoup de nos artistes, célèbres aujourd'hui, firent leurs premiers pas sur les planches de la *Salle Chantereine.*

Voici un programme du temps :

SOIRÉE DRAMATIQUE

DONNÉE PAR MM. LES ÉLÈVES DU CONSERVATOIRE

Sous la direction de M. Ludovic Fleury

Le 14 Mars 1841

LE MENTEUR

Comédie en 5 actes de P. Corneille.

-o-

Géronte	MM. Fleuret.
Dorante	Lenoux.
Alcippe	E. Gouget.
Philiste	Senès.
Cliton	Ch. Boudeville.
Lycas	Ch. Boudeville.
Clarine	Mme Grandhomme.
Lucrèce	E. Chapuis.
Sabine	Augustine Brohan.
Isabelle	Borval.

<table>
<tr><td colspan="2">LE BARBIER DE SÉVILLE
Comédie en 4 actes de Beaumarchais</td><td colspan="2">LES RIVAUX D'EUX-MÊMES
Comédie en un acte de Pigault-Lebrun.</td></tr>
<tr><td>Comte Almaviva ...</td><td>MM. P. Leroux.</td><td>Derval..........</td><td>MM. P. Leroux.</td></tr>
<tr><td>Bartholo.........</td><td>Senès.</td><td>Floville ....,</td><td>E. Gouget.</td></tr>
<tr><td>Figaro ....</td><td>C. Boudeville.</td><td>Dupont..........</td><td>C. Boudeville.</td></tr>
<tr><td>Don Basile.......</td><td>E. Gouget.</td><td>Mme Derval......</td><td>Mmes Blangy.</td></tr>
<tr><td>Rosine ....</td><td>Mme Blangy.</td><td>Lise ....</td><td>Aug. Bronan.</td></tr>
</table>

Le *Théâtre Chantereine* vécut environ une quinzaine d'années, jusqu'en 1851, époque vers laquelle mourut son propriétaire. Il fut exproprié pour faire place à l'immense édifice qui existe actuellement.

Théâtre de la Cité. — Ce théâtre, construit par Lenoir, fut ouvert le 21 octobre 1792, sous le titre de *Théâtre du Palais des Variétés*, par une représentation au bénéfice des défenseurs de Lille.

En 1793, il changea son nom en celui de *Cité-Variétés.*

On y jouait la comédie, le vaudeville et la pantomime.

Tiercelin et Brunet y firent leurs débuts. C'est à ce théâtre que fut représentée la fameuse pièce : *Le Jugement dernier des Rois.*

Franconi y donna des représentations équestres les jours où il ne jouait pas au *Cirque Olympique.*

En 1802, des chanteurs allemands exploitèrent la salle qu'ils appelèrent : *Théâtre de Mozart.* Ils n'eurent pas de succès.

En 1805, l'acteur Beaulieu tenta de relever ce théâtre. Il échoua et se brûla la cervelle dans le salon du café d'Aguesseau, qui existait encore, en 1861, sur le devant de la maison.

Plus tard, la salle changea encore de nom ; elle s'appela : *Salle des Veillées*.

En 1810, M. Venaud y établit un bal auquel il donna le nom de : *Prado*. Le Théâtre était la salle de danse ; le foyer, ainsi que plusieurs pièces, furent transformés en loges maçonniques. Dans l'une de ces loges, Napoléon et l'impératrice Joséphine assistèrent à une fête d'adoption, donnée par le Maréchal Lannes et le Prince Poniatowski, l'un et l'autre vénérables.

X

Types de la rue.

Rabelais dit quelque part : — « Le peuple de Paris est tant sot, tant *Badaud* et tant inepte de nature qu'ung bateleur, un porteur de rogatons, un mulet avec des cymbales, un vieilleux au milieu d'un carrefour, ameutera plus de gens que ne le feroit un prédicateur catholique. »

Cette épithète de *Badaud de Paris* remonte à la fondation même de la ville de *Parisii* ; on s'en servait pour désigner les parisiens, comme on disait encore au siècle dernier : les peintres d'Avignon, les drapiers de Sedan, les vinaigriers d'Orléans, les faïenciers de Nevers, les porcelainiers de Vierzon, etc., etc., sans qu'il y eut à l'origine, dans cette appellation, aucune intention, mais ce mot même de *badaud* prête à la controverse et à l'élasticité proverbiale de la science étymologique.

L'un le tire du latin *Badaldus (?)* dans le sens de *Stupidus*, l'autre du latin *Bardus*, dans le même sens, celui-ci de l'italien *Badare*, regarder, celui-là du vieux français *Bader* qui ne subsiste plus que dans son diminutif *Badiner*, un cinquième fait descendre *Badauds* de *Bagaudes*, un sixième enfin, fameux par l'audace naïve de ses étymologies, Huet, tire tout simplement *Badaud* de *Bedeau*.

Badaud vient, croyons-nous, de *Badauer*, qui,

en celtique, signifie : Batelier, matelots, les *badauds de Paris* signifiaient à l'origine les *bateliers de Paris* comme le mot Parisii.

Badaud n'est donc point synonyme de bêtise, cela signifie tout au plus *gober*, et, *gober* c'est croire peut-être un peu légèrement tout ce que l'on vous raconte.

Nous sommes tous gobeurs plus ou moins et si l'on ne *gobait* pas, ce serait à dégoûter de l'Humanité ; celui qui *gobe* sur la place publique ne se désillusionne pas, le saltimbanque de la rue est préférable à tous les saltimbanques qui vivent au dépens de la société et qui font plus souvent pleurer que rire.

Mayer, l'homme au bonnet de coton. Tout Paris se souvient de l'avoir vu circuler dans les rues, de 1860 à juillet 1884, un grand garçon imberbe, sec, à figure anguleuse, dont la large bouche riait sans cesse, il tenait sous le bras gauche un mauvais violon et de la main droite une clarinette.

Une légende s'était créée autour de lui ; suivant les uns, c'était un ancien chef de musique de la garde impériale, qui avait été renvoyé parce qu'un jour, Napoléon III, devant visiter le Jardin des Plantes en compagnie de sa femme et de son fils, il avait été commandé pour faire de la musique avec ses musiciens ; la famille impériale était arrêtée devant la cage aux singes, alors Mayer avait fait jouer : *Où peut-on être mieux qu'au sein de sa famille ?* Suivant d'autres, c'était un grand-prix du Conservatoire qui, le soir, occupait à l'Opéra l'emploi de chef de pupitre.

Mayer, d'origine belge, était un ancien ouvrier qui, forcé de gagner sa vie, s'était imaginé, pendant une période de chômage, de jouer de la clarinette.

Mayer, dans les cours, avant de jouer, ôtait sa casquette et se coiffait d'un immense bonnet de coton, il attaquait crânement l'ouverture de *Guillaume Tell* ou celle de *Faust*, puis, quand il avait fini, il tendait son bonnet de coton à la foule, en disant :

— Je vais dire une prière avec un litre à douze et, comme j'ai mal à l'estomac, si vous êtes gentils, j'en prendrai un à seize !

C'est de lui l'expression qui a fait son chemin depuis. Quand les sous pleuvaient par les fenêtres, il criait :

— N'en jetez plus, la cour est pleine.

La quête terminée, il prenait son violon, il enveloppait le manche avec son bonnet de coton et commençait un air quelconque ; aussitôt deux cordes se démanchaient, il simulait l'homme désolé, alors, semblant prendre son parti en brave, il continuait, cette fois, c'était au tour de l'archet, les crins se détachaient du bois, il prenait un manche de couteau, un plumeau, et jouait de plus belle comme si le violon avait été au complet ; à ce moment, l'enthousiasme de ses auditeurs ne connaissait plus de bornes ; la séance levée, il jouait en s'en allant : *Partant pour la Syrie !* la foule lui faisait cortège, il n'allait pas si loin qu'en Syrie, il s'arrêtait chez le marchand de vins le plus proche et il sifflait sa petite chopine.

Un jour, *la Lyre* du XIe Arrondissement donna un concert, il fut invité, mais, à la grande surprise de tous, c'est à peine si Mayer, qui émerveillait les musiciens quand il jouait seul, put tenir l'emploi d'une quatrième clarinette.

Il ne connaissait pas une note de musique. Que devenait la légende ?

L'homme au bonnet de coton mourut en juillet 1884.

Place Saint-Jacques-de-la-Boucherie. — Cette place était au pied de la Tour Saint-Jacques, exactement à la place où se trouve le square actuel.

La Tour Saint-Jacques faisait partie de l'antique église Saint-Jacques-la-Boucherie, la tour commencée en 1508, fut terminée en 1522, elle renfermait un carillon composé de douze grosses cloches, ce carillon fut longtemps célèbre à Paris ; à l'origine, aux quatre angles du sommet de la tour figuraient les statues ailées des quatre animaux mystiques de l'Apocalypse et, beaucoup plus haut, une statue colossale de Saint-Jacques-le-Majeur.

Sous Charles VI, le roi avait, sur les réclamations du peuple, aboli *la perception du douzième denier des vivres*, le duc d'Anjou rétablit cette perception ; quand les gens des Aides se présentèrent aux halles, ils s'adressèrent tout d'abord à une vieille marchande de cresson, nommée Perrette la Morelle, elle refusa de payer et appela au secours, les marchands se jetèrent sur un *imposteur* et le tuèrent sans pitié. Aussitôt l'émeute éclata, des marchands se mirent en *franchise* dans l'église Saint-Jacques-la-Boucherie, ils furent assassinés par les soldats devant l'autel de la Vierge.

En 1793, l'église Saint-Jacques-la-Boucherie fut supprimée et devint propriété publique, alors le Comité révolutionnaire de la rue des Lombards y installa ses séances, l'église fut vendue à un entrepreneur de bâtiments, mais une clause spéciale réservait la tour. L'église fut démolie au commencement de ce siècle et des maisons s'élevèrent sur son emplacement.

Autour de la tour s'établit un marché de fripiers et de cordonniers en vieux, un temple au petit pied, les auvents qui abritaient les marchands formaient une ceinture à la tour, impossible de rien imaginer de plus pittoresque.

La tour fut louée à un M. Dubois, qui fabriquait du plomb de chasse, il y avait une légende à ce sujet : les bonnes femmes prétendaient que les ouvriers, montés au faîte de la Tour, versaient dans l'espace des marmites de plomb bouillant, et qu'arrivé à terre ce plomb refroidi était transformé en plomb prêt à être livré au commerce ; aujourd'hui, grand nombre de gens affirment encore que le plomb de chasse se fabrique de cette manière, la marque est d'ailleurs restée célèbre.

Les étages inférieurs de la tour furent loués à des petits ménages.

Lorsqu'on pénétrait par la rue des Arcis, dans le marché, le visiteur était saisi par un sentiment indéfinissable, le géant de pierre, noirci par l'action du temps, dont la cime se perdait dans la nue, profilait son ombre sur la foule qui grouillait à ses pieds, une âcre odeur de cuir le prenait à la gorge ; de tous côtés, des geais et des pies caquetaient, accompagnant de leurs cris le cordonnier qui battait la semelle.

Les filles de boutiques des fripiers appelaient les passants en vantant leur marchandise ; elles les tiraillaient :

— Par ici, monsieur, j'ai un bon paletot qui sort de chez Ulmann, le tailleur des princes ; entrez donc, vous serez content.

Le pauvre diable, ahuri, ne sachant à qui répondre, se sauvait en bousculant les ménagères, qui ne se faisaient pas faute de l'injurier.

C'était un coin unique dans Paris.

Le 27 avril 1836, le conseil général de la Seine, sur la proposition d'Arago, décida le rachat de la tour pour la somme de 250,000 francs.

Le marché disparut lors du percement de la rue de Rivoli, en même temps furent supprimées les rues des Écrivains, du Petit-Crucifix, Marivaux et Saint-Jacques-la-Boucherie.

La place de la Tour Saint-Jacques était une des meilleures pour les chanteurs ambulants,

Emile Farde y était choyé ; peintre de mérite et guitariste distingué, il chantait, avec une belle voix de baryton, les chansons guerrières mises à la mode par les chansonniers de 1830.

Farde mourut en 1853.

Farde avait un concurrent redoutable, *Emile Tellé*, dit le *Ténor du trottoir* ; entre eux, chaque jour, c'était une lutte acharnée pour avoir la meilleure place, leur genre était pourtant différent. Tellé chantait la romance. Il disparut en 1851.

Hubert d'Angers, encore un concurrent, composait ses chansons, il avait adopté le genre patriotique. Il se pendit en 1860.

Le *Marquis* dédaignait la place publique, il préférait courir les rues. Il avait ses cours attitrées et une clientèle spéciale.

Grand, mince, élancé, toujours correctement vêtu de noir, il avait été surnommé le *Marquis* par ses collègues, que lui, appelait dédaigneusement des saltimbanques. Il était tombé, comme un aérolithe, au milieu des nombreux chanteurs de l'époque sans que personne pût dire d'où il venait. Ses manières de gentilhomme créèrent autour de lui une légende ; pour les uns, c'était un original, pour les autres, un grand seigneur ruiné, il entretenait le mystère qui l'entourait par un mutisme obstiné.

Le *Marquis* était unique en son genre. Doué d'une jolie voix, quand il arrivait dans une cour, il entamait le premier couplet de sa chanson ; alors toutes les fenêtres s'ouvraient et une foule de têtes apparaissaient. Il regardait de tous côtés puis, gravement, il tirait une poignée de gros sous de sa poche ; il avait une quantité de papiers blancs découpés en carrés, il enveloppait un gros sou dans chacun d'eux, et en lançait un, du premier au sixième étage, à chaque fenêtre, sans jamais manquer son coup. Il commençait alors son second couplet, il va sans dire qu'on lui rejetait ses sous, accompagnés de plusieurs autres. Sa chanson terminée, il ramassait sa recette, et s'en allait majestueusement, après avoir salué, en pirouettant sur ses talons.

Le *Marquis* disparut en 1853, comme il était venu, personne ne sut jamais qui il était, où il logeait, mais il m'a été affirmé que c'était un prince polonais authentique.

Le *père Bonne humeur* était le concurrent du *Marquis*, on le nommait également *l'homme aux deux costumes*. Quand il était gai, il revêtait un costume complètement rose et chantait la gaudriole, du Désaugiers ; quand il était triste, il prenait des allures de croquemort, s'habillait tout en noir et pleurait ses chansons. C'était un vagabond, il errait dans les rues le jour et la nuit, parfois il disparaissait des semaines entières ; quand on le questionnait, il répondait qu'il venait de visiter ses fermiers.

Comme le *Marquis*, le *père Bonne humeur* abandonna la rue en 1854, et son existence resta un mystère.

Place du Château-d'Eau. — Cette place était loin d'être ce que nous la voyons aujourd'hui :

Elle fut terminée en 1810. Sa fontaine présentait une forme pyramidale. Une énorme gerbe d'eau jaillissant d'une cuvette supérieure y retombait, puis ses eaux se versaient dans une seconde cuvette, de là dans une troisième et enfin dans le bassin. Quatre socles divisaient le bassin circulaire, sur chacun d'eux étaient posés des lions en fonte, qui, de leur gueule, lançaient des jets d'eau.

Cette fontaine, soigneusement démontée, fut transportée avenue Daumesnil, où elle est encore.

La fontaine du Château-d'Eau était le commencement du Boulevard Saint-Martin qui prenait à l'angle du faubourg du Temple.

Le terrain, sur lequel elle était située, donnait sur la rue du Haut-Moulin, d'un côté, et sur la rue Basse-de-Bondy, de l'autre ; une des faces donnait sur le faubourg du Temple, l'autre, rue de la Douane. Un marchand de vins qui avait pour enseigne : *A la porte du Temple,* en faisait le coin ; la porte du Temple était représentée en fer forgé au-dessus de la porte, c'était un véritable objet d'art. En face, se trouvait la rue Basse-du-Temple, elle bordait les derrières des Théâtres dont les façades étaient sur le boulevard du Temple. Au coin de la rue Basse, il existait un marchand de vins qui vendait du cassis à un sou le verre, ça s'appelait : *un pierrot.*

Sur cette place, qui disparut en 1853 pour faire place à la caserne, il y avait des jeux de toutes sortes : balançoires, chevaux de bois, tireurs de porcelaines, chanteurs ambulants, marchands de gaufres ; c'était une collection complète des types de la rue.

Sur la rue de la Douane se tint longtemps le *Diorama* dirigé par M. Daguerre, qui donna son nom à la découverte de fixer les traits humains sur une plaque de métal, en collaboration avec l'ami Soleil. On y admirait : *l'Eboulement de la Vallée du Goldo, le Tremblement de terre de la Martinique, le Combat de Trafalgar, la Messe de Minuit*, etc., etc.

Tous ces tableaux étaient d'un effet saisissant et d'une illusion parfaite ; jamais mieux n'a été fait depuis.

A côté se trouvait la *loge de la suspension éthéréenne*. A la vue du public on endormait une jeune femme, ensuite on lui posait le coude sur une queue de billard, puis on l'élevait par les jambes, de façon à la placer dans une position horizontale. Elle restait suspendue dans l'espace aussi longtemps qu'il plaisait aux spectateurs.

Parmi les hercules, on remarquait : Laroche, Masson, le père Honoré et Hainsselin. Ce dernier était, dans ses moments perdus, garçon dans le chantier de bois de Mme Convert ; ce chantier, qui avait pour enseigne un gigantesque grenadier de la garde de 1812, était situé au coin de la rue Amelot.

Ce fut dans la *loge éthéréenne* que *Baptiste*, dit *Frise-Poulet*, eut l'idée de changer le costume traditionnel de *Jocrisse* pour un costume *breton*.

Baptiste est resté célèbre dans le monde de la *Banque*, il travailla de longues années avec *Sabra* et *Moreau-Virlette.*

Baptiste mourut fou en 1859.

Le *père Larose* dit *Briochet* était invariablement coiffé d'une casquette de loutre, habillé d'une grande veste de peluche et d'un pantalon de velours marron. Il vendait des brioches l'hiver, il circulait dans la foule, un plateau dans la main, il le tenait en l'air en criant :

— Qui qu'en veut... l'zenfants, brûlez-vous la gueule et cassez-vous les dents... Mangez l'zest... surtout, ne vous mordez pas la langue, vous seriez capables de vous empoisonner.

L'été, il avait sur le dos une fontaine en fer-blanc surmontée d'une galerie en cuivre, laquelle supportait Napoléon Ier sur un piédestal ; aux bretelles en velours grenat, soutenant la fontaine, étaient attachées des gobelets en cuivre argenté. Il était ceint d'un tablier d'une blancheur immaculée, il annonçait sa marchandise en faisant tinter une petite sonnette et en criant :

— A la fraîche ! Qui veut boire ! Deux liards le verre.

Briochet était le créancier des gamins ; il leur faisait crédit jusqu'à concurrence de huit liards ; il les appelait mes petits *joujoux*, cette expression resta et remplaça celle de *titi*. Le bonhomme disparut avec la place comme le type du marchand de coco.

Le *bal des Navets* longeait la rue du Château-d'Eau ; c'était une grande baraque construite avec des démolitions ramassées un peu partout. Ce bal était le rendez-vous des cuisinières, des bonnes et des garçons bouchers et épiciers du voisinage. Ce nom de *bal des Navets* lui avait été donné à cause des cuisinières qui le fréquentaient ; il fut démoli pour faire place au *Café Parisien*, lequel fut démoli à son tour pour faire place à un Panorama.

Pendant de longues années, on vit, place du Château-d'Eau, le *père* et la *mère Rousseau*, ils se tenaient tous deux sous un immense parapluie en calicot rouge.

Rousseau, toujours vêtu d'une redingote de couleur indécise, un mauvais foulard roulé en corde autour du cou, un pantalon dont l'étoffe primitive disparaissait sous une multitude de pièces de différentes couleurs, enfin, pour compléter l'ensemble, il était coiffé d'un chapeau haut de forme, chauve à force d'avoir été brossé et rouge d'avoir reçu la pluie.

Il arrivait le premier sur la place, il ouvrait son parapluie, le fixait en terre et attendait la venue de la mère Rousseau.

La mère Rousseau était vêtue d'un caraco couleur saumon à moitié déteint, d'un jupon violet trop court, des bas de laine blancs tricotés aux jambes et chaussée de souliers napolitains garnis d'énormes clous à têtes de diamant ; autour de son corps était noué par derrière un lambeau de châle tartan, de couleur

10.

écossaise; son tablier était retroussé et laissait voir une vaste et solide poche, — c'était son coffre-fort. Elle était coiffée, en toute saison, d'un madras jaune et rouge, coiffure que les portières d'autrefois nommaient *marmotte*.

Ils avaient un public spécial qui les estimait beaucoup, car, malgré leur pauvreté, ils étaient d'une grande fierté.

— Nous travaillons, disait orgueilleusement le père Rousseau, nous ne demandons pas.

Leurs chansons favorites étaient de Landrevin. Le père Rousseau entonnait le couplet, sa femme reprenait au refrain en disant aux auditeurs :

— Allons, mes enfants, allons-y en chœur.

Ils quittèrent la place vers 1859.

Julien, l'homme Protée, était un type unique, il avait devancé de quarante ans les *Plessis* et les *Derasme* et autres transformateurs qui ne furent que ses imitateurs.

Dès son début, il courait les fêtes publiques ; son personnel se composait d'un pître qu'il appelait *Nigaudinos* ; deux Allemands habillés en lancier polonais, l'un, jouant de la clarinette, l'autre de l'ophicléide, formaient l'orchestre.

Il avait une grande baraque qu'il nommait pompeusement « mon théâtre ».

Julien était toujours correctement vêtu de noir, habit, pantalon à sous-pieds, gilet de soirée, cravaté de blanc et frais ganté. Il avait les cheveux coupés de façon à en faire toutes les perruques nécessaires à ses transformations.

Julien était un ancien étudiant en droit, issu d'une bonne et riche famille de bourgeois de province. Il avait été envoyé à Paris par ses parents pour faire ses études ; au moment de passer ses derniers examens, il fit la connaissance d'une fille horriblement laide, à tel point qu'elle avait été surnommée *Sophie brûle-gueule*. Sa famille, avertie, lui retira sa pension. Alors, réduit à la misère, il se fit saltimbanque.

A ce métier il gagna une grosse fortune.

Julien était très beau garçon ; malgré cela Sophie prit des amants. Sa laideur l'empêchait d'être aimée « pour elle-même », elle les paya grassement ; elle se mit à boire, lorsqu'elle était ivre elle rossait le pauvre Julien et lui faisait des scènes épouvantables. Sa fortune amassée si péniblement, fut bientôt dévorée ; de misères en misères, vers 1852, on retrouva *l'homme Protée* vendant du *poil à gratter* et des calembours place du Château-d'Eau.

Il était toujours vêtu d'un costume de soirée, mais quel costume ! des guenilles ; les bottes vernies étaient remplacées par des chaussons de lisière buvant l'eau du ruisseau par de larges crevasses.

Julien mourut, en 1859, dans la plus profonde misère.

L'inséparable de Julien était le *père Gargouillot*, le doyen des marchands de poil à gratter, mais quel contraste ! La tête couverte d'un serre-tête en percaline noire, il était vêtu d'un complet en toile à matelas.

Gargouillot avait un sac en toile grise attaché devant lui : les gamins l'appelaient le *sac à malice*. Il y introduisait une malheureuse poule étique, déplumée :

— Vous allez voir, disait-il à ses auditeurs, elle va pondre, *alle* va pondre !

Quand ses spectateurs se faisaient tirer l'oreille pour *arroser* le tapis, il s'écriait :

— Vos sous, c'est pas comme ma poule, y pondent pas !

Le père Gargouillot tirait également la bonne aventure. Tout naturellement, pour attirer la foule, il faisait une *postiche*, mais, auparavant, il commençait par se bourrer la bouche de filasse et disait :

— Vous allez voir comment on se nourrit avec du feu !

Au même instant il levait la tête, on voyait d'abord sortir de sa bouche une épaisse fumée, puis de véritables flammes, le tout s'évanouissait presqu'aussitôt, alors il se léchait les doigts en ajoutant :

— Voilà pourquoi je suis si gras.

Tout le monde riait, car Gargouillot était maigre comme un clou.

Ensuite il annonçait son poil à gratter. A peine avait-il parlé qu'il jetait un cri :

— Ah ! saperlotte, j'étouffe ! j'étouffe ! c'est une fausse digestion !

Alors, il retirait de sa bouche une dizaine de

mètres de rubans et poussait un soupir de soulagement en s'écriant tout joyeux :

— Ah ! maintenant, ça va mieux, et il faisait son *boniment*.

Gargouillot mourut en 1858.

Place Charlot. — ***Charles Camus***, le bâtonniste, était peintre sur éventails ; il était de la force du fameux Pradier le *Toulousain*. Il apparut, pour la première fois, sur la place Charlot, en juillet 1846. Il maniait les cannes, avec une dextérité merveilleuse ; avant de commencer ses exercices, il installait son matériel, une chaise !

Il traçait à la craie un rond sur le sol, il appelait l'intérieur de ce cercle la salle de spectacle ; puis il disait aux gamins qui l'entouraient :

— Tâchez de ne pas marcher sur le bord de la galerie, tas de graines de culottes !

Très bon dessinateur, il faisait au milieu de *sa salle* deux palmes croisées et écrivait son nom en belle cursive ; pendant les préliminaires, la foule s'amassait ; quand elle était assez compacte :

— Attention ! disait-il, travail avec une canne seule... parce qu'il n'y en a pas deux... Pour faire ce travail, il est nécessaire d'avoir des mains ; ce qui facilite beaucoup... Avec deux cannes... ces demoiselles vont travailler en société... de la main droite et de la main gauche... la troisième qui est restée là, c'est mademoiselle Joséphine. Nous allons prier une de ces demoiselles de l'inviter au bal. Allons, venez, mademoiselle Joséphine, ne faisons pas de boulettes ; tournez, tournez, nom d'un coton... Voyons, messieurs, un peu de courage... protégez les arts... Ah! ça tombe; écoutez, mesdames et messieurs, les dames d'abord, et les messieurs par-dessus. Je vais prendre le plat de la main droite et je fais faire le tour de la société... Je ne demande qu'à ceux qui peuvent... celui qui ne paye pas n'a pas besoin de s'en aller... Je ne m'adresse pas à ceux qui sont comme moi dans la panade.

Il voulait bien commencer, mais les sous ne tombaient pas, il comptait, à la fin, à force de blagues, il n'en manquait plus que quatre, il s'adressait à un auvergnat placé au premier rang, qui témoignait des signes d'impatience...

— Qu'est-ce qu'il y a, mon vieux ?

— Ché que je chuis pressé, bougre de bougri.

— Eh bien, cours devant.

— Voui, mais je voudrais te voir travailla pour mon chou, je vas à la préfecture de Poliche, mais je chais pas ou chest.

— Eh ! ben ! va là-bas, près de ce monsieur, prends-lui son porte-monnaie et sauve-toi, tu n'auras pas besoin de t'occuper où est la préfecture, on t'y conduira tout d'suite.

Une fois les sous recueillis, il les mettait sur la canne, et, en un clin d'œil, ils disparaissaient dans son gilet.

— Vous voyez, messieurs et dames, que vous n'êtes pas à un spectacle vulgaire, les équipages s'arrêtent devant ma salle de spectacle (deux voitures d'eaux-de-seltz et un fourgon Richer venaient en effet de s'arrêter), vous devez sentir, comme moi, que l'honneur est pour mes visiteurs.

Camus faisait une tournée de quête puis saluait en disant : *Salutem omnibus.*

La séance était levée.

Camus mourut à l'Hôtel-Dieu en 1885.

Carré Marigny. — C'était la place choisie par Cantru, être aussi étrange par lui-même que par ses exercices ; il ne travaillait à cet endroit que les dimanches et jeudis. Son matériel se composait d'un énorme essieu d'omnibus, de trois sabres de formes différentes, de six gros clous de dix centimètres de longueur et d'un marteau de forgeron.

Après avoir fait former le cercle autour de lui, il commençait ses exercices par s'introduire deux clous dans chaque narine. Mais comme elles étaient trop étroites pour les contenir, il faisait des contorsions effroyables; alors il prenait un troisième clou, naturellement il n'entrait pas, il prenait son marteau et frappait dessus pour le faire pénétrer, ce qui faisait frémir. Il réclamait la somme de deux francs pour continuer par les exercices de sabres et de l'essieu ; mais comme l'argent ne tombait pas toujours à son gré, il racontait son histoire au public, ayant toujours ses clous dans le nez.

— Tel que vous me voyez, mesdames et messieurs, je suis Cantru, le fils de Cantru, le

seul Cantru. J'sais bien que j'ne suis pas beau,
mais chacun a sa valeur (je suis avaleur) et avaleur depuis mon enfance.

Car l'*avaleur* n'attend pas le nombre des années.

— Tel que vous me voyez, j'ai voyagé dans
les quatre parties du monde, partout j'ai été
applaudi, redemandé, fêté. Mon dernier voyage
a été en Autriche, à Vienne, capitale de cet
empire. Je travaillais sur la place, en face le
palais des Monarques ; nombreuse et noble
société m'entourait, — comme aujourd'hui. —
Après l'exercice des clous, je prends mes sabres;
j'en avale un, j'en avale deux; l'empereur vint
à passer avec son état-major. Il descend de cheval, et fend la foule en me donnant une bourse
pleine d'or. Il me dit ces paroles à haute voix,
que toute la foule entendit distinctement, je
m'en fais gloire :

— Cantru, retourne dans ta patrie, je ne veux
pas priver la France si longtemps d'un aussi
beau talent que le tien.

Voilà ce que je suis, Cantru, le seul Cantru ; il
manque encore quinze sous.

Cantru avait bien raison de dire qu'il n'était
pas beau ; il avait les cheveux rasés jusqu'au
milieu de la tête, des yeux extrêmement petits,
une bouche effroyablement large et le nez complètement écrasé par le poids de l'essieu qu'il
portait en équilibre.

Cantru n'était pas un avaleur de sabres,
employant des armes à *truc*; il avait accoutumé

ses organes à ce métier. Il travailla à cette place de 1846 à 1858, époque à laquelle il mourut à l'Hôtel-Dieu.

Pont au Change. — Le *père Clément*, dit le *Marin*, stationnait toujours au coin, il vendait une pommade pour faire pousser les cheveux. Il était très beau garçon, d'une haute stature ; il avait des cheveux noirs fort longs qui lui tombaient sur les épaules ; il regardait le public qui l'entourait avec ses grands yeux bleus d'une douceur extraordinaire ; sa femme, une jolie petite femme, habillée en paillasse, justaucorps et pantalon serrés aux genoux, en toile à carreaux rouges et blancs, des bas blancs bien tirés mettaient en valeur sa jambe fine et ronde coupée à point par d'élégantes bottines ; ses jambes attiraient certes le public davantage que la pommade.

Clément était toujours d'une propreté méticuleuse ; son costume se composait d'un chapeau de toile cirée, d'une chemise à col bleu, sur les coins de laquelle étaient brodées des ancres.

Quand il jugeait la foule suffisante, il racontait qu'étant à bord d'un navire de l'Etat, le navire avait fait naufrage à la Nouvelle-Guinée ; qu'il avait eu le bonheur d'atteindre la terre, une île déserte ; que là, il était devenu l'ami, le conseiller du roi ; que, pour le récompenser, le souverain noir lui avait révélé le secret d'une pommade dont la vertu était si grande qu'il suffisait d'en frotter légèrement une noix de coco

pour qu'à l'instant elle devînt chevelue comme
jadis le roi Pharamond.

— Au reste, ajoutait-il, je n'ai pas besoin de
vous vanter plus longtemps l'efficacité de ma
pommade, regardez-moi (il ôtait son chapeau
et secouait la tête, aussitôt sa splendide cheve-
lure lui enveloppait le visage d'un voile épais).
Eh bien ! depuis mon retour en France, je ne
me suis jamais servi que de ma pommade.

Un dernier mot, l'Académie de médecine a
voulu m'acheter mon secret, j'ai refusé, parce
que je suis un enfant du peuple, et que le peuple seul doit profiter de cette merveilleuse
découverte.

Clément disparut de la place publique en 1870.
Sa découverte ne l'a pas conduit à la fortune,
car, en 1883, en compagnie de sa femme, il vendait des crayons et tirait la bonne aventure
chez les marchands de vin de Belleville.

Place de la Galliotte. — Cette place était située
devant le Cirque-d'Hiver. Sur son emplacement
étaient, jusqu'en 1854, des terrains vagues,
séparés du boulevard par un fossé profond, la
seule construction qu'il y eut était un poste de
gardes nationales.

Bassero, le premier timbalier de France, — y fit
son apparition en 1835. Son théâtre se composait
de quatre piquets sur lesquels étaient attachées,
avec des cordes, de vieilles toiles à voile, déchi-
rées et rapiécées avec des morceaux de drap
multicolores; tout à fait la baraque primitive du
saltimbanque. Il battait sur vingt-cinq caisses

et exécutait, pour débuter, toutes les batteries d'ordonnance, — le roulement, — le rappel, — la breloque, — la chamade, — la diane, — l'extinction des feux, — la mère Godichon, — les ratés-sautés, — la charge, — aux champs et enfin les pets d'âne !

Voici comment il annonçait son grand morceau :

— Mesdames et messieurs, vous allez entendre la *Bataille*; je vous prie d'apporter toute votre attention à ce tour de force que je suis seul capable d'exécuter dans le monde entier.

La Bataille :

Le camp s'éveille, roulement crescendo ; *l'armée prend les armes, le général Bonaparte, qui veille, donne ses ordres, on se rallie à sa redingote grise et à son petit chapeau ;* batteries imitant l'armée qui se met en marche ; *Soldats, du haut de ces monuments quarante siècles et dix mille bonnes d'enfants vous contemplent ;* le trot ; *le galop des chevaux, le bruit du canon, le roulement des caissons, l'écroulement des maisons, les femmes poussent des gémissements ; vous entendez les hurlements des enfants, tout tombe, tout s'écroule ; massacre général ; le soleil éclaire le champ de carnage.*

La victoire est gagnée, c'est pour avoir l'honneur de vous remercier ; il saluait militairement et la foule sortait étourdie, ahurie, abasourdie ; aussitôt il criait à son pître et à son unique musicien : en parade.

La place de la Bastille. — Il y a vingt-cinq ans,

Paris était l'âge d'or des saltimbanques et des flâneurs.

La flânerie tenait une large place dans l'existence des Parisiens. Après le dîner, dans les longues et belles soirées d'été, ils descendaient sur la place la plus voisine de leur demeure où, gratuitement, en plein air, sous les platanes, ils jouissaient d'un spectacle sans cesse renouvelé.

Il y en avait pour tous les goûts.

La place de la Bastille était admirablement disposée pour que les *artistes* et les spectateurs puissent, les uns, travailler, les autres, regarder et écouter en paix.

Tous se tenaient sur le terre-plein qui formait un vaste carré entre le quai Valmy et le quai Jemmapes.

C'était une sorte de foire permanente ; son originalité en faisait une chose unique à Paris. Les amateurs de musique faisaient cercle autour de Bouvard, *l'Homme à la vessie;* ils accompagnaient en chœur les joyeux et spirituels refrains des chansonniers en vogue : Gustave Leroy, Édouard Plouvier, Charles Colmance, Victor Rabineau, Charles Gille, Thalès Bernard, et tant d'autres, disparus, oubliés, sans être inscrits au temple de mémoire des générations qu'ils charmèrent si longtemps.

C'était le beau temps de la chanson : *les Quatre âges du cœur, Fanchette, la Légende de l'Étang, Un nez culotté, le Vigneron, les Louis d'Or, l'Eau et le Vin,* etc., etc., et, le lendemain, à l'atelier, l'ouvrier trompait l'ennui des heures trop longues à s'écouler, en fredonnant les refrains de la veille, tout en songeant à *Jenny* ou à *Mimi-Pinson* qui l'attendait au logis en chantant de son côté, la chanson aidait l'aiguille à courir dans la soie et allégeait le poids de l'outil dans la main de l'ouvrier.

Les avides d'émotions violentes admiraient à loisir *le Lapon* avalant un sabre trois fois grand comme lui, et aussi *l'Homme pavé*, qui cassait d'énormes cailloux avec son poing et des pavés sur son ventre.

Les crédules se pressaient autour de *Moreau*, l'élève de la célèbre Lenormand ; ils se faisaient prédire la bonne aventure pour la modique somme de deux sous et se pâmaient d'aise aux lazzis du pître *Papillon*.

Chaque *spécialiste* avait son public particulier, ses fidèles, tous vivaient en bonne harmonie, et, par une convention tacite, les places appartenaient au premier occupant.

Tous ne *travaillaient* pas à la fois, à moins que la foule ne fût considérable, les dimanches et lundis par exemple.

Dans les entr'actes, ils s'en allaient bras dessus, bras dessous, chez le marchand de vin du coin, boire un litre sans avoir pris la peine de dévêtir leurs oripeaux fanés.

L'Homme pavé faisait la cour à Clarisse, la somnambule, une jeune fille de soixante ans. *Moreau* racontait à Bouvard qu'il avait été appelé mystérieusement aux Tuileries, *Papillon* voulait à toutes forces que le *Lapon* l'initiât aux mœurs de son pays, alors qu'il savait qu'il avait vu le jour rue Guérin-Boisseau.

L'Homme à la poupée exerçait sur la place une sorte de domination.

C'était un étrange type.

Agé de trente ans environ, très brun, de longs cheveux bien entretenus, une fine moustache fièrement retroussée, un teint pâle, des yeux brillants d'un feu sombre, enfoncés sous l'arcade sourcillère, toujours correctement vêtu de noir, du linge blanc, coiffé d'un chapeau haut de forme, on devinait, à première vue, un déclassé qui conservait au milieu de ses malheureux confrères les allures d'un homme du monde.

Il était toujours seul, il n'adressait jamais la parole à personne, il n'allait jamais chez le marchand de vin, il arrivait sur la place, portant sous son bras une petite table en bois noir, dont le pied, formant chevalet se repliait sur lui-même, et un sac en velours noir.

Il commençait par installer sa table, la couvrait d'un tapis brodé de franges d'or, puis dénouait les cordons de son sac, duquel il sortait une magnifique poupée, grande comme un bébé de trois ans, toute resplendissante de soie et de dentelles. Il la plaçait délicatement sur la table, la tête appuyée sur un coussin brodé, puis, toujours sans mot dire, il allait quelques pas plus loin, arpentant silencieusement la place.

Peu à peu les curieux se groupaient en cercle. Quand il jugeait la foule assez compacte, il faisait son entrée en écartant poliment les spectateurs ; il saluait à droite et à gauche, retroussait les manches de sa redingote et commençait une séance de ventriloquie.

C'était vraiment merveilleux.

La recette était toujours fructueuse, quoiqu'il ne demandât jamais rien; la recette terminée, il ramassait ses sous, aidé par d'obligeants gamins, saluait, puis pliait son bagage et disparaissait.

Cet homme-énigme était l'objet de beaucoup de commentaires, et les légendes les plus extraordinaires circulaient sur son compte ; pour les uns, c'était un agent de la sûreté, pour les autres, un noble ruiné; d'aucuns affirmaient qu'il était le fils d'un duc bien connu à Paris pour ses diamants et son art de se maquiller (le duc de Brunswick).

J'avais eu souvent occasion d'assister à ses séances, et sa physionomie sympathique m'avait frappé; j'étais très intrigué d'avoir été plusieurs jours sans le rencontrer à la place habituelle, de laquelle il avait disparu tout à coup.

Je n'y songeais plus, lorsqu'un soir je le vis assis à la terrasse du café des Princes, ganté de frais, élégamment vêtu, très entouré d'une infinité de gens.

Je m'assis à une table voisine ; j'aurais voulu engager une conversation avec lui, mais il était toujours aussi silencieux que sur la place de la Bastille.

— Pardon, lui dis-je tout à coup, je crois, Monsieur, avoir déjà eu le plaisir de vous rencontrer.

— Cela se peut, me répondit-il sèchement.

— Place de la Bastille, ajoutai-je?

— Vous avez raison, Monsieur, me dit-il sans manifester la plus légère émotion. Je suis, ou plutôt j'étais *l'homme à la poupée.*

— Je ne voulais pas vous rappeler un souvenir désagréable, veuillez me pardonner.

— Ce souvenir est loin de m'importuner; il n'y a jamais de honte à demander sa vie au travail, et, un métier, si infime qu'il soit, est toujours honorable lorsqu'il est exercé honnêtement. D'ailleurs, votre souvenir me flatte; il me prouve que vous m'avez remarqué. En effet, ma tenue, mon langage, mes manières formaient contraste au milieu des déguenillés qui m'environnaient, et cela n'a pas dû vous échapper?

— Certes non.

— Avouez que vous voudriez bien connaître mon histoire?

— Je l'avoue.

— Eh bien! elle est des plus ordinaires: — Je suis Américain; j'ai dévoré une grosse fortune et je suis venu à Paris pour travailler en attendant la mort de mon oncle fort riche, dont j'étais l'unique héritier; il est mort il y a peu de temps; au lendemain de mon héritage, j'ai abandonné la place publique pour reprendre mon rang dans le monde, et me voilà.

— Comment avez-vous acquis ce remarquable talent de ventriloque?

— C'est un talent que je possède naturellement ; me trouvant sans ressource, j'ai songé
à l'exploiter. Le récit de ma première séance
pourra peut-être vous intéresser ; voulez-vous
l'entendre?

— Assurément, avec le plus grand plaisir.

— Quand je quittai New-York après une
ruine totale, j'allai à Londres ; je descendis à
Charing-Cross, j'avais un enfant semblable à
celui que vous m'avez vu place de la Bastille ;
seulement, au lieu d'être vêtu luxueusement, il
était entortillé de linges et maquillé de façon
qu'il paraissait gravement malade. En gravissant le grand escalier, je mis l'enfant sur une
des marches et lui parlai avec une dureté extraordinaire ; la foule s'amassa.

— Monte l'escalier, lui disai-je, je n'ai pas
envie de te porter, fainéant.

— Oh! père, me répondait l'enfant d'un ton
suppliant, porte-moi, je ne peux plus, tu sais,
monter l'escalier tout seul avec mes deux pieds
coupés, par le...

— Chanson, répliquai-je ; lève-toi, monte ou
je tape

Le pauvre enfant sanglotait, je lui appli-
quai sans pitié un soufflet sur la joue.

L'indignation de la foule était à son comble.

— Cet enfant est-il à vous? me dit un assistant.

— Cela ne vous regarde pas, répondis-je, mêlez-vous de vos affaires.

— Je vais appeler la police.

— Oh ! non monsieur, criait l'enfant éploré, il me tuera, comme il a tué ma mère et ma sœur.

Je mis la main dans ma poche.

— Prenez garde, fit l'enfant avec un cri déchirant, il a un couteau, il va vous frapper.

— Certainement, dis-je en tirant un poignard.

Tout le monde s'enfuit, excepté deux hommes courageux, dont l'un me saisit par le poignet, mais le mouvement n'avait pas été assez rapide pour m'empêcher de plonger la lame tout entière dans les flancs de l'enfant.

— Au meurtre, à l'assassin, hurlait celui-ci dans une angoisse inexprimable.

A ce moment l'escalier était envahi par une foule furieuse qui allait m'écharper, lorsque j'enlevai tranquillement ma victime d'une main et que de l'autre je tendis mon chapeau à la galerie. « L'enfant est en bois, dis-je, c'est ma première séance à Londres ». La foule se mit à rire, je fis une recette fructueuse, ma réputation était faite. Je garde ma poupée ; peut-être me reverrez-vous un jour, me dit-il mélancoliquement.

— Je ne vous le souhaite pas, répondis-je.

La leçon du passé ne lui avait point profité. En peu de temps il mangea l'héritage de son oncle ; il quitta Paris et partit aux Indes Hol-

La jeune fille s'avança, puis, après une scène mimée, qui produisit un effet immense, entra dans le panier ; immédiatement, le prestidigitateur traversa ce panier de sa longue épée. On entendit un grand cri, il montra sa lame rouge de sang au public en délire.

L'orchestre exécuta un trémolo.

Quand il fut sûr d'avoir suffisamment frappé l'imagination de tous les spectateurs, il revint au panier et l'ouvrit.

Mais soudain il chancela et tomba sur la scène en criant :

— Mon enfant, mon enfant !

Au fond du panier gisait la jeune fille, ensanglantée, immobile, la poitrine traversée par un coup d'épée. La trappe, mal assujettie, n'avait pas joué à temps ; la malheureuse enfant était morte.

On accourut, on releva *l'homme à la poupée,* il ouvrit les yeux en fredonnant la chanson de *Papillon : Si je meurs, que l'on m'enterre.*

Il était fou.

Moreau formait un contraste frappant avec l'homme à la poupée ; il était petit, trapu, imberbe, une figure de fouine, l'œil percé en vrille, presque chauve et invariablement coiffé d'une casquette de soie, ornée d'une énorme visière.

Il exerçait son métier de tireur de cartes sur les places publiques depuis plus de trente ans. Son matériel était des plus primitifs : une table en bois blanc, trois gobelets en fer battu, trois muscades taillées dans de vieux bouchons de liège et un jeu de piquet graisseux.

Son compère *Papillon* ouvrait la séance en traçant à la craie ou à l'aide d'un morceau de charbon, sur l'asphalte, des lignes cabalistiques et des figures grotesques. Quand la foule était assemblée, il faisait élargir le cercle et chantait d'une voix nasillarde la fameuse chanson : « Si je meurs, que l'on m'enterre »...

Vingt couplets suivaient, tous plus décousus les uns que les autres, mais personne ne s'occupait de la rime.

Il racontait ensuite ses aventures.

Au beau milieu de la narration, Moreau faisait brusquement son entrée dans le cercle en flanquant à *Papillon* un formidable coup de pied dans le derrière.

Le dialogue suivant s'engageait entre les deux compères :

— Que fais-tu là, misérable ?

— Vous le voyez bien, patron.

— Je ne vois rien du tout, mais je suis bien sûr que tu disais du mal de moi à ces dames et à ces messieurs.

— Ah ! jamais !

— Pourquoi n'es-tu pas à la maison ? Va-t'en, je te chasse.

— Je n'ai rien fait.

— C'est précisément pour cela. D'ailleurs, tu es un mauvais serviteur. Hier, je te recommande de cirer mes bottes, de mettre la viande dans la marmite et de donner l'avoine au cheval ; tu cires la viande, tu mets l'avoine dans la marmite et tu donnes mes bottes au cheval. J'ai pourtant des bontés pour toi. Je t'emmène au restaurant...

— A la porte.

— ... Je t'offre des huîtres...

— ... Oui, les coquilles...

— ... Je veux te faire épouser ma nièce, une jolie fille.

— Parce qu'elle est enceinte de huit mois.

— Va-t'en, maraud, tu n'es qu'un ingrat.

Papillon s'en allait en pleurant, tout en s'essuyant les yeux avec la queue de sa perruque ; *Moreau*, alors, ôtait sa casquette et commençait son boniment :

Mesdames, Messieurs, je suis *Moreau*, l'élève de la célébre Lenormand, la même qui prédit la déchéance de l'Empereur et sa mort à Sainte-Hélène. J'ai eu l'honneur de travailler devant toutes les têtes couronnées de l'univers ; ma réputation est faite dans le monde entier. J'habite un hôtel, dont je suis propriétaire, aux Champs-Elysées ; là, je ne prends pas moins de 500 francs par consultation, et encore faut-il se faire inscrire à l'avance. Comme je suis humanitaire, je veux que le pauvre, comme le riche, profite de mes études, de ma science, de mon expérience et du don de divination que la nature m'a donné.

Vous n'oseriez pas venir à mon hôtel fouler les tapis moëlleux de mes salons; alors je viens à vous sur cette place publique, sans honte, comme un homme qui accomplit son devoir.

Soit pour deuil, mariage, héritage, procès, consultez-moi. Tenez, par exemple, un domestique qui aurait perdu sa place, je lui dirai par la faute de qui; quand il en retrouvera une, si elle sera bonne.

Avez-vous été volé, je vous dirai le nom du voleur, où sont cachés les objets. Tendez les mains, deux sous seulement!

Moreau, alors, faisait le tour de la société et tendait son jeu de piquet. Quand il avait placé une dizaine de cartes, il encaissait la recette et envoyait les clients l'attendre sous le premier arbre à gauche. « Fermez, disait-il, la porte avec une épingle, je crains les courants d'air. »

Pendant que Moreau amusait son public, *Papillon* était allé se déshabiller et se grimer au point de se rendre méconnaissable ; puis il allait s'installer chez le marchand de vin, à côté.

Moreau tirait les cartes au client qui l'attendait sous l'arbre, et quand il tombait sur une bonne tête : « Vous voyez, lui disait-il, ce que je vous dis pour deux sous ; si vous voulez en savoir davantage, le petit jeu est de trente sous et le grand jeu de trois francs. » Le client naïf se laissait séduire par l'aplomb de *Moreau*, qui l'envoyait l'attendre chez le marchand de vin, où *Papillon*, sous l'apparence d'un paysan, se tenait en observation en face d'un demi-setier. Il arrivait parfois que, sur dix clients, *Moreau* parvenait à en décider quatre ou cinq à se faire faire le grand jeu. *Papillon*, qui de son coin les guignait, s'approchait d'eux, et la conversation s'engageait. Il racontait que la renommée de *Moreau* était parvenue jusqu'au fond de son village, et qu'il avait entrepris le voyage de Pont-l'Evêque à Paris pour le consulter au sujet d'un riche héritage qu'il convoitait.

Confidences pour confidences, les braves gens lui racontaient leurs petites affaires, ce qu'ils désiraient savoir de Moreau. Après quelques instants, *Papillon* était si bien instruit, qu'il aurait pu écrire leur biographie.

Moreau tardait à arriver pour donner le temps à son compère de vider les dupes. Enfin, il faisait son entrée. Le premier de ces messieurs, disait-il gravement. *Papillon* se levait, et tous deux pénétraient dans un cabinet hermétiquement clos. Là, devant une vieille bouteille, *Papillon* racontait le résultat de ses conversations, et sortait, reconduit par Moreau, en s'écriant : Bon Dieu du ciel, c'est un sorcier, et faisait un signe de croix.

Chaque individu était introduit à son tour et quittait Moreau absolument émerveillé.

Qu'est devenu cet homme de génie ?

Depuis vingt-cinq ans au moins, on voyait arriver à la même heure, s'installer à la même place, au coin du quai Jemmapes, un grand vieillard misérablement vêtu, mais très soigné, des pièces de différentes couleurs émaillaient sa longue redingote et son pantalon, mais pas de loques et pas de trous.

Quoiqu'il ne fût pas aveugle, il était accompagné d'une petite chienne marron, tachée de feu, qui ne le quittait jamais ; c'était elle qui faisait la police du cercle d'auditeurs qui entouraient le *père la Flûte*.

Tous les gamins de l'École mutuelle de la rue de la Roquette économisaient une tartine sur leur déjeuner, pour régaler Sophie (c'est ainsi qu'on nommait la chienne). Quand l'heure de quatre heures, sortie de l'école, approchait, la chienne levait son museau en l'air, furetait dans tous les coins, inquiète, aboyant discrètement, flairant tous les auditeurs, de très loin la bande de gamins s'annonçait par de frais éclats de rire. Aussitôt *Sophie* gambadait, cherchant une issue dans la masse compacte, pour courir au devant de ses jeunes amis ; puis, quelques minutes plus tard, une pluie de tartines, confitures, miel, raisiné, fromage de Brie ou d'Italie tombait sur la loque qui servait de tapis au pauvre vieux.

Sophie les ramassait délicatement, une à une, puis les entassait aux pieds du *père La Flûte* ; elle les léchait bien, mais n'y touchait jamais.

Un jour, le *père La Flûte* ne vint pas à l'heure accoutumée, mais *Sophie* fut exacte ; elle flaira, tourna, quêtant comme de coutume, et finalement s'assit à sa place habituelle, attendant patiemment quatre heures ; les moutards arrivèrent, lui donnèrent sa provende quotidienne ;

elle en prit dans sa gueule autant qu'elle put et partit au galop.

Pendant plusieurs jours le même manège se renouvela.

Le *père La Flûte* était mourant sur son grabat. L'intelligente bête nourrissait seule le pauvre homme.

Les voisins, qui ne voyaient plus le *père La Flûte* sortir de son taudis, s'inquiétèrent et prévinrent le commissaire de police. Ce dernier le trouva mort sur un amas de chiffons. *Sophie*, morte aussi, au milieu d'un monceau de tartines presque dévorées par les rats.

A l'inventaire des papiers du *père La Flûte*, on découvrit qu'il se nommait Fernand de Moor, âgé de quatre-vingts ans, descendant d'une ancienne famille d'Ecosse.

Flûtiste de grand mérite, il était venu à Paris, vers 1832, croyant y vivre de son talent, mais repoussé par tous, il n'avait pu arriver, la misère l'avait un jour forcé à jouer en pleine rue. Arrêté par les agents et conduit au Dépôt comme vagabond, il obtint, à force de prières, l'autorisation d'exercer le métier d'artiste ambulant ; il choisit alors la place de la Bastille.

L'homme au poil à gratter arrivait sur la place coiffé d'un mauvais tricorne, posé de travers sur une sale perruque en filasse, vêtu d'un vieil habit rouge en loques, agrémenté de galons fanés, laissant voir le cuivre de la trame.

Il avait deux manières d'intéresser son public : d'abord par ses grimaces horribles et une dilatation naturelle de la mâchoire, laquelle lui permettait d'ouvrir une bouche grande comme un four, ensuite par l'imitation de toutes les coiffures connues, à l'aide d'une rondelle en feutre souple qu'il transformait de soixante façons différentes depuis le chapeau du petit-tondu jusqu'à la toque du pâtissier.

Son palas ne variait jamais : Voulez-vous, disait-il, vous amuser en société ? Achetez ma poudre ; c'est un secret que m'a légué un de mes aïeux. Marin, son navire fit naufrage, il échoua dans une île sauvage, la fille du roi devint amoureuse de lui et elle lui proposa de choisir entre l'épouser ou être mangé à une sauce quelconque. Il épousa la sauvage, devint roi du pays ; il avait de grandes connaissances en botanique ; dans une excursion, il découvrit l'arbuste dont le fruit fournit la poudre que j'ai l'honneur de vous offrir.

Vous allez dans le monde, vous ne pouvez pas parier un litre à madame la Comtesse qu'elle ne mouchera pas la chandelle avec son pied, vous pariez quarante sous que vous faites déposer à la Banque de France. Elle accepte et vous lui livrez le secret.

Ce que le grimacier vendait était tout simplement du poil contenu dans le fruit de l'églantier, et la bêtise humaine est si grande qu'il en vendait des quantités incroyables.

A certains jours de la semaine, *Miette*, célèbre entre tous, Miette, le devancier de Duchesne, Miette qui, sans voiture, sans musique, sans instruments de chirurgie, savait captiver la foule, faisait son apparition sur la place. Tout son matériel se composait d'un mouchoir à carreaux, le vulgaire mouchoir d'un priseur, et d'une boîte en carton.

Petit, maigre, d'aspect vieillot, clamant d'une voix de fausset qui, par moment, surpassait les fantaisies les plus extravagantes du fifre ; son boniment était invariable :

« Messieurs, je suis *Miette,* le célèbre Miette, seul possesseur du secret de la *Poudre Persane.* Ce secret fut importé en France par mon honorable père, qui vécut longtemps dans la Cour des Schahs de Singapour, Mostaganem et Téhéran ! Miette, disait un jour le grand Schah, Roi et Empereur des pays que je viens de citer et d'autres beaucoup plus loin encore, comme vous le savez peut-être ; Miette, je t'ai comblé d'honneurs, tu as toutes les décorations des nouveaux et anciens mondes. Je veux faire plus encore !!! Tu vas me ficher le camp dans ton pays ; tu diras que tu y viens de ma part, non pour y vendre, mais pour y donner la *Poudre Persane,* dont seul tu auras le secret ! »

L'auditoire riait ! Alors Miette se grandissait, sa voix, poussant à l'aigu jusqu'à l'impossible, dominait les rires et, stridente, se faisait entendre des quatre coins de la place. Il s'écriait : « Tas d'ânes, vous doutez de la parole de Miette ! Attendez, bourriques », Alors, il saisissait un badaud qu'il guignait depuis longtemps : « Arrive ici, animal, te voilà cueilli ».

« Vous comprenez, Mesdames et Messieurs, ajoutait Miette, que nous ne sommes pas ici à la Cour, ni dans les salons du noble faubourg. On ne peut guère choisir son monde, il faut prendre ce que l'on trouve ».

Tout aussitôt il obligeait le patient à ouvrir la bouche bien grande, lui faisait tourner la tête dans tous les sens en disant : « Approchez-vous, approchez-vous et venez dire en chœur avec moi : Non ! il n'y a pas d'égout, de cloaque plus infect, plus dégoûtant que la gueule de môssieu !

« Comment, jeune homme, vous vous plaignez au lieu de remercier le hasard qui vous a jeté dans mes bras ! Allons, pas de fausse honte, mon garçon, ça ne vous coûtera rien ; ouvrez bien la bouche que tout le monde puisse voir que je ne suis pas un charlatan !

« Tenez, Messieurs, c'est des plus simples. — Un coin de ce mouchoir (n'ayez pas peur, il n'y a que moi qui se mouche dedans), un peu d'eau de ce ruisseau, une parcelle de ma *poudre Persane*, et... »

Il introduisait de gré ou de force le doigt dans la bouche du malheureux, après quelques secondes d'un astiquage vigoureux, il lui entr'ouvrait les lèvres pour laisser voir la blancheur éblouissante des dents nettoyées.

Miette mourut en 1881, sans laisser d'élèves et en emportant son secret, qui était tout simplement de la ponce lévigée dans l'acide sulfurique.

On vit, longtemps encore après la mort de Miette, à la même place, une grosse vieille surnommée *la belle Ecossaise*, elle pouvait avoir environ soixante ans ; elle vendait une *poudre écossaise* en débitant le même boniment que le père Miette.

Le petit Homère de la Bastille était poète, auteur et chanteur ; pour sa muse essentiellement parisienne, les « petites fleurs des bois ; doux souvenirs de mon village, etc. », étaient lettres mortes ; sa lyre ne s'échauffait qu'au contact des pavés du boulevard.

C'était presque un beau gars, le corps un peu épais était planté d'aplomb sur les jambes, et les jambes plantées non moins d'aplomb sur la bordure en granit du trottoir ; voilà pour l'homme ; une guitare grand modèle, voilà pour l'orchestre.

Comme exécution et comme méthode tout ce qu'il y a de plus primitif, l'homme arrachait à la guitare des accords plaqués ; lui, il disait, la guitare donnait ce qu'elle pouvait ; lui, superbe, phrasait, ce qu'il trouvait infiniment supérieur à chanter.

La facture et l'acquit dénotaient une personnalité, et le *P'tit Homère* devint plus tard *Beaumester* qui laissa des recueils de chansons dont les refrains sont encore populaires dans les ateliers.

Il y avait encore la dynastie de la famille *meurt de soif*, des marchands d'habits qui vous vendaient un *complet* pour cent sous.

Le *marchand de Berlingots* qui annonçait sa marchandise en criant : « A qui encore une obélisque, à la fleur d'oranger, au tabac à priser ? »

La *Vendeuse de café* qui offrait un petit noir à un sou, café fabriqué avec le marc qu'elle ramassait dans les tas d'ordures.

La *mère Renault*, la providence des écoliers, qui se disputaient ses chaussons aux pommes et aux pruneaux, et surtout ses fameux *rassis*.

Après la démolition de la Bastille, en 1789, il restait libre une superficie de 14,550 mètres, une loi de 1792 prescrivit la formation de la place actuelle sur ce terrain.

Au Sud-Est de la Bastille, on voyait encore, en 1859, un éléphant colossal, en plâtre. Ce n'était que la maquette d'un éléphant qui devait être construit avec le bronze des canons conquis dans la campagne de Friedland ; le décret qui ordonnait l'édification de ce monument fut rendu en février 1811.

L'éléphant fut démoli pour faire place à un poste qui fut démoli à son tour pour l'abri qui fait face à la station des tramways.

Le *père la Pêche* n'avait pas d'endroits fixes, il avait une voiture exactement semblable à celles des marchands des quatre-saisons, tapissée d'une toile cirée, sur laquelle étaient entassés de petits morceaux de pain d'épices, les enfants guettaient son arrivée, aussitôt ils l'entouraient en criant : « Vive papa ! vive papa », il s'installait, prenait une canne à pêche, il y attachait

une ficelle, et, en guise d'amorce, il plaçait au
bout de la ficelle un petit pavé de pain d'épi-
ce ; le *père la Pêche*, sa ligne d'une main, une
baguette de l'autre pour mettre à la raison les
plus gourmands, commandait à tous de mettre
la main sous la blouse.

Il promenait sa ligne devant les enfants qui
ouvraient d'énormes bouches pour happer le
morceau au passage.

Pendant cet exercice, il leur faisait la morale.

— Il faut être patient pour arriver à posséder... Sucez chacun votre tour, cela vous appren-
dra la fraternité.

Souvent un gamin profitait de son inatten-
tion pour sortir la main du rang et chipper un
morceau, un coup de baguette sur les doigts et
une nouvelle morale :

— Monsieur, vous avez de mauvais ins-
tincts... il faut respecter le bien d'autrui... la
gourmandise, c'est la première étape du vol.

Enfin, il offrait des cornets tout préparés
pour un sou.

Le *père la Pêche* avait bien raison de dire que
la patience mène à la fortune ; il est mort, tout
récemment, propriétaire d'un château aux environs de Corbeil.

Un autre ambulant, c'était le *millionnaire.*
Vers 7 heures du matin, du faubourg Saint-
Martin à la Bastille, on entendait retentir le son
d'une grosse cloche, et l'écho répétait ce cri :
« J'vais m'en allais ! j'vais m'en allais !

C'était le *millionnaire.* Invariablement, été

comme hiver, coiffé d'un chapeau haut de forme, vêtu d'une redingote noire, un lambeau de toile bleue lui ceignait la taille, remplissant l'office de tablier, chaussé de sabots rouges comme ceux que portent les garçons bouchers, il trainait une voiture sur laquelle flottait un superbe drapeau tricolore tenu par une gigantesque main de carton au-dessous de laquelle étaient écrits ces mots : « *Rassis toujours frais* ».

La voiture était remplie d'une quantité de brioches, de pains au beurre, de cornes et de petits pains de toute nature, gruau, seigle, etc., etc., tous fumants et abrités par une couverture de laine qui entretenait la chaleur.

Voici l'explication de ces deux expressions : « *rassis toujours frais* », qui paraissent la négation l'une de l'autre.

Le *millionnaire*, ancien garçon boulanger, avait remarqué que les boulangers qui fournissaient les petits pains aux restaurateurs les reprenaient le lendemain ; ils subissaient alors une certaine perte, ne pouvant les vendre que pour parfaire le poids du gros pain. C'étaient des rassis et la pratique ne veut que du tendre.

Il passa des marchés avec les boulangers, à qui il racheta les stocks de petits pains invendus, puis il fit établir des fours spéciaux dans lesquels, le lendemain, il travaillait les *rassis* qui devenaient *frais*.

Il gagna une fortune énorme, il avait cinq maisons sur le pavé de Paris, mais n'abandonnait pas pour cela l'infime métier qui l'avait enrichi.

Il mourut d'une attaque d'apoplexie en criant : « J'vais m'en allais ! » Cette fois c'était pout tout de bon !

Tout Paris a connu *Duchesne*. C'était une étrange figure. Il est resté légendaire dans le monde de la Banque. Il débuta apprenti graveur, puis typographe ; comme il traversait le Pont-Neuf plusieurs fois par jour, il écoutait *Miette* qui était dans toute sa splendeur (1816). Il fut naturellement renvoyé ; il partit au hasard pour faire son tour de France. Arrivé à Pontoise, il fit la connaissance d'un vieux berger qui passait pour sorcier. Le berger lui donna un antique bouquin, dans lequel il trouva ce chapitre : *Moyen d'être incombustible, de se gargariser avec du plomb fondu, de se passer un fer rouge sur la langue, etc.* Aussitôt il loua une grange et fit annoncer par le tambour de ville que tel jour, à telle heure, *Salamandrinus*, originaire de la Terre de Feu, vivrait au milieu des flammes, qu'il entrerait dans un four, un gigot à la main, et qu'il n'en sortirait que lorsque le gigot serait cuit, qu'il forgerait avec son poing un essieu chauffé à blanc, etc. La foule accourut. Au centre de la grange était un réchaud plein de charbons sur lesquels une pelle à feu rougissait. *Salamandrinus* s'avança fièrement, en homme sûr de lui-même, prit la pelle et se l'appliqua sur la langue... il poussa un cri terrible et on dût le transporter évanoui à l'hôpital.

Vers 1855, on retrouve *Duchesne* arracheur de dents sur nos places publiques.

Debout sur sa voiture, pour amasser la foule, il ouvrait silencieusement un album et le feuilletait en jetant à droite et à gauche des regards interrogateurs, puis il commençait son boniment, invariablement le même :

— « Gardez, oh ! gardez-vous, jeunes filles, ces dons de Dieu qui vous feront épouser ; vous, jeunes mères, les perles qui vous feront heureuses et aimées. Si votre haleine a de douces senteurs pour ceux qui sont autour de vous, conservez précieusement ce parfum qui fait prendre vos lèvres pour des feuilles de roses, et ferait presque l'abeille se tromper et se reposer sur elles ».

A ce métier de charlatan, *Duchesne* gagna une grosse fortune.

Sur la place de Grenelle, on vit longtemps *l'homme aux rats*. Son matériel se composait d'une table en bois en forme d'X, surmontée d'un petit poteau. Il avait plusieurs rats ; un gros, gris-brun, *Gaspard*, le grand premier-rôle de la troupe, *Fanchette*, son épouse, dite *boit sans soif*, le comique était un rat noir qui avait un œil blanc et répondait au nom de *coco-bel-œil*, le premier amoureux, un rat blanc qui avait des oreilles extraordinaires, se nommait : *Ecoutes s'il pleut*. En haut du poteau était installé un pistolet ; une ficelle était attachée à la détente et pendait le long du poteau. Gaspard était l'artilleur, mais il était peu obéissant ; de là des choses amusantes. Les spectateurs se divisaient en deux camps : « y montera, y montera pas », alors *l'homme aux rats* disait sentencieusement : « y montera s'y veut ».

Les spectateurs étaient composés des bouchers de l'abattoir voisin, ils accompagnaient, en chantant, *l'homme aux rats* lorsqu'il partait avec ses *artistes* grimpés jusque sur le chapeau de leur maître. Il mourut de misère sur un grabat, en 1870, dans la *Cité Cri-Cri*, barrière des Deux-Moulins.

Sabra opérait sur les quais, son matériel était des plus primitifs, une table en bois blanc et trois gobelets en fer blanc ; il eut, à son service, deux pîtres célèbres : *Patonnelle* et *Ventre d'osier*.

Ventre d'osier était comique de naissance, avant qu'il ouvrit la bouche, la foule riait de confiance.

Ventre d'osier avait un répertoire à lui, c'était un pître absolument original, son boniment était des plus curieux ; au moment le plus pathétique d'une histoire qu'il racontait, *Sabra* faisait son entrée dans le cercle, en lui disant : « Tu ennuies ces messieurs et ces dames avec tes bêtises... Va-t'en.

A son tour, il commençait par énumérer ses talents pour tirer les cartes, il terminait invariablement par cette phrase :

— Celui qui dira que j'en ai menti, qu'il prenne les cartes, qu'il les déchire et jetez moi-z-en les morceaux à la figure.

Sabra était un phénomène, il ne savait ni lire

ni écrire et pourtant il était *auteur dramatique*, ce fut lui qui, au concours du 15 août 1861, obtint la palme pour la composition de la pantomime intitulée : *Les Chauffeurs arabes ou la ferme incendiée.*

Sabra fut le dernier tireur de cartes de la place publique, il mourut vers 1861.

Sur le Pont-des-Arts, vers 1840, on remarquait un grand garçon, à l'aspect distingué, très bien vêtu, qui y venait chaque jour. Son matériel se composait d'une chaise et d'une petite boîte en maroquin. En arrivant à sa place, il ouvrait sa boîte, montait sur sa chaise et commençait à lire ses productions. Il était tout : poète, littérateur, improvisateur et chansonnier.

Ce Bohème se nommait *Pradier*. C'était un lettré. Il publia une brochure intitulée : *Un Contemporain aussi*, qui portait pour épigraphe ces deux vers de Virgile :

> *... Quæque ipse miserrima vidi*
> *Et quorum pars magna fui...*

Pradier rêvait d'entrer à l'Académie ; c'est pour cela qu'il avait choisi le Pont-des-Arts. Quelle chute ! il fut nommé inspecteur des vidanges à Marseille, où il mourut vers 1855.

Tous ces *Types de la rue* appartiennent incontestablement à l'histoire de Paris, ils en complètent la physionomie. Vingt-cinq ans sont à peine écoulés depuis leur disparition, qu'ils sont déjà légendaires.

Les Bals.

L'*Almanach des Gens de Bien* disait, au siècle dernier : « La danse est aujourd'hui ce que le Parisien aime, chérit ou plutôt idolâtre. Chaque classe a sa société dansante, et, du petit au grand, c'est-à-dire du riche au pauvre, tout danse. C'est une fureur, c'est un goût universel. »

Vers la fin du Directoire, au commencement de l'Empire, on nommait les Bals des *Jardins-Lycées,* ils étaient environ une trentaine.

Bagatelle, au Bois de Boulogne.

L'*Elysée,* rue du Faubourg-Saint-Honoré.

Frascati, Boulevard Montmartre et rue Vivienne.

Tivoli, rue Saint-Lazare.

Le *Jardin du Hanovre,* Boulevard des Capucines et rue d'Antin ; au sujet de celui-ci, le *Manuel du Voyageur dans Paris* (1806), dit ceci : « Dans le *Jardin des Capucines,* Boulevard d'Antin, on trouve réunis des comédiens, des marionnettes, un amphithéâtre d'équitation, des danseurs, des funambules, des escamoteurs, on y voit *la puce savante, le sacrifice de Jephté, l'âne savant, la Clémence de Napoléon, le fils dénaturé, le tigre du Bengale* », bref un programme à faire pâlir le *Casino* et le *Moulin rouge.*

Le *Jardin de Paphos,* Boulevard du Temple.

Le *Jardin de l'Infante.*

Le *Jardin de l'Arsenal.*

Le *Jardin Tripet,* aux Champs-Élysées.

Le *Jardin Turc,* Boulevard du Temple, à côté du restaurant Bonvalet ; ce fut dans ce Jardin que, vers 1835, Jullien fit exécuter la célèbre valse de *Rosita,* appelée aussi la *Valse de Jullien,* avec accompagnements de coups de canon.

Jullien mourut fou en 1860.

Le *Jardin de l'Impératrice,* rue Saint-Jacques.

Le *Jardin Monceau,* Boulevard de Courcelles.

Idalie, Avenue d'Antin, près du rond-point des Champs-Élysées.

Le *Jardin Marbœuf.*

Le *Jardin Beaujon.*

Le *Jardin de l'Harmonie,* au Palais-Royal.

Le *Lycée Républicain,* aux Porcherons.

Le *Jardin Byron,* rue de Varennes.

Le programme des fêtes et attractions était annoncé par voie d'affiches plus modestes que celles d'aujourd'hui ; il est vrai que nos pères n'avaient pas les Chéret, les Choubrac, les Steinlen, les Lemot, mais, en revanche, ils affichaient à profusion ; l'auteur de *Paris à la fin du XVIIIe siècle* (An IX, 1801), dit ceci : « Les affiches de toutes couleurs tapissaient les coins des rues, on dirait le manteau d'Arlequin.

« L'une annonce une *belle fête,* l'autre une *grande fête,* une troisième, une *fête extraordinaire,* et une quatrième, une *fête magnifique.*

« Les superlatifs s'entassent. Ici, des ballons, des ascensions aérostatiques; là, des pantomimes pyrotechniques, des fêtes foraines, et, plus loin, des voleurs avec des ailes, des descentes en parachutes.

« *Paphos* est le *Tivoli* des Grisettes. On entre là pour 15 sous par personne et, une fois entré, les billets peuvent s'employer en rafraîchissements, c'est-à-dire qu'on peut boire et manger jusqu'à concurrence de 15 sous, sans faire de nouvelles dépenses. »

Un des premiers Jardins fut le *Waux-Hall*, fondé par *Torré*, en 1768. En 1769, Corbie, appuyé par le duc de Choiseul, eut l'idée de créer, aux Champs-Elysées, un *Waux-Hall* perpétuel ; la première mise de fonds s'éleva à un million deux cent mille livres, somme énorme alors.

Bachaumont, dans ses *Mémoires secrets*, dit à ce sujet :

« Tous les princes du sang, tous les ministres, les principaux magistrats chargés de la police de Paris, se sont rendus hier à minuit (24 mars 1769) chez le sieur Torré, dont le spectacle doit s'ouvrir aujourd'hui sous le nom de *Fêtes de Tempé*, on a fait un essai de l'illumination et du coup d'œil féerique qui en résulterait ; il paraît que cet artiste ingénieux a eu les suffrages des grands du royaume et a reçu une approbation générale.

« Le public a vu avec une satisfaction complète le gouvernement s'intéresser à ses plaisirs, et les hommes d'État les plus occupés se dérober à leurs travaux importants, pour veiller sur cette partie de l'administration, qui en était une essentielle chez les Romains, et que ne dédaignaient pas les Sages et les Héros.

« Ce spectacle s'est ouvert, en effet, ce soir, avec le concours qu'attire, ordinairement dans ce pays, tout ce qui est nouveau ou rajeuni. Les jolies femmes, les petits maîtres, les filles élégantes de Paris se sont empressés d'embellir à l'envie ce spectacle de volupté. Le goût et la magnificence ont également contribué aux ornements du local qui n'est pas encore à son degré de perfection. Le salon en rotonde n'est pas assez éclairé... C'est une espèce de Bourse de l'Amour, où se font les marchés de galanterie, et où se produisent tous les effets commerçables en ce genre. Ceux qui en cherchent ou qui veulent s'en défaire trouvent des vendeurs ou des acquéreurs de toute espèce. »

Au sujet de la création du nouveau *Waux-Hall* aux Champs-Élysées, les comédiens français firent des représentations au ministre ayant le département de la police de Paris. M. de Saint-Florentin leur promit qu'il l'interdirait; malgré cela, le *Waux-Hall* sous le nom de *Colisée* ouvrit ses portes, en 1770, par la haute protection de la comtesse de Langeac, du duc de la Vrillère et du chevalier d'Arcq.

Il y avait un orchestre de 30 musiciens.

Le privilège du *Colisée* fut révoqué en 1779, une guinguette se créa, sous ce nom, au rond-point, mais les fastes du Jardin étaient loin, elle n'était fréquentée que par des soldats.

En 1826, il ne restait plus rien des *Jardins-Lycées*. Pourtant, nous apprend le *Petit Dictionnaire des Enseignes*, quelques cabarets avaient conservé ces dénominations : *le Jardin des Epiciers*, *le Jardin de l'Ecu*, *le Jardin du Cheval blanc*; ce dernier existe encore aujourd'hui, mais c'est un café-concert.

Les Bals publics succédèrent aux *Jardins-Lycées*. Tous ou presque tous sont disparus depuis 1870.

Est-ce à dire que l'amour de la danse n'existe plus chez nous? Pas le moins du monde, mais la politique, qui a transformé nos mœurs, entre pour beaucoup dans ces transformations qui consistent à ne plus danser, mais à aller « voir » danser; la danse « fin-de-siècle », chorégraphie acrobatique et gymnastique épileptique, n'est pourtant pas une nouveauté, car autrement étaient lascives les danseuses grecques qui exécutaient l'*Eklactisma*, appuyées sur les mains en lançant les talons par-dessus leurs épaules ; auprès de la *Lamprotera* et de la *Bridolicha*, nos danseuses modernes ne sont que des pensionnaires.

Il y eut, à Paris, une multitude de *Grands Salons*. Ils avaient beau être petits, ils n'en étaient pas moins baptisés de ce nom pompeux. Le premier qui porta ce titre était situé rue Coquenard ou Coquenart, le centre des Porcherons.

Le *Grand Salon* était très fréquenté, il pouvait contenir huit cents personnes à l'aise. A l'époque du Carnaval, une foule de masques s'y donnaient rendez-vous. Les « engueulements » étaient alors de mode, surtout quand les poissardes y faisaient leur apparition, ce qu'elles ne manquaient pas de faire le mardi-gras ; ce jour-là, les habitués, commis aux Gabelles, petits bourgeois et femmes de chambre ne brillaient guère.

Souvent de grands seigneurs et de grandes dames y venaient incognito s'encanailler et n'étaient pas les derniers à débiter le *Catéchisme poissard*.

Au bal était annexé une guinguette, où on buvait ferme et sec du petit vin d'Argenteuil, et plus d'un s'en allait, marchant de « Guingois ».

Ce quartier, bien avant que les Barrières ne fussent portées au delà de la rue de Belle-Font (Bellefond), avait son Ramponneau sous le nom de *Bal Desdoméne*, il n'était fréquenté que par les soldats de la *Nouvelle France*.

Une foule d'autres bals étaient disséminés dans les environs.

Malgré que Paris ne fasse qu'un tout, chaque quartier, aussi bien aujourd'hui qu'autrefois, avait sa physionomie particulière, ses mœurs spéciales, fertiles en observations.

La plupart des Bals, à l'exception de trois ou quatre fréquentés par une classe plus relevée, se trouvaient dans la banlieue de Paris et lui donnaient une animation extraordinaire.

Je ne cite que les plus originaux.

La rue de Flandre, à la Villette, est certainement la rue la plus grouillante et la plus pittoresque de Paris ; cette grande artère dessert les abattoirs, les docks, les bateaux du quai de la Loire, les grandes raffineries, bon nombre d'usines. C'est un va-et-vient perpétuel, tous les types possibles et impossibles s'y rencontrent ; les bouchers, vêtus de longues blouses bleues, une serviette maculée de sang sur le cou, qui conduisent des charretées de viande au triple galop, sans souci d'écraser les passants ; les portefaix au teint halé, les bras nus ; les Italiens des raffineries, qui mangent sur le trottoir aux heures des repas ; une nuée de femmes et d'enfants qui assiègent les marchands de pommes de terre frites établis dans des baraques ; les Belges avec leurs cheveux filasse, les Allemands à tête carrée, tout ce monde se heurte, se groupe chez les marchands de vin du *pays* ; c'est une véritable Tour de Babel.

Les rues, les ruelles, les passages, les culs-de-sac, qui s'amorcent sur la rue de Flandre, sont dignes de compléter le tableau. Les enfants, presque nus, jouent dans les ruisseaux, les femmes, qui ne se gênent guère, sortent débraillées, et, pendant que le mari travaille, vont boire aux Bars : leurs Caisses d'Epargne !

Le quartier était admirablement choisi pour y placer un bal unique au monde : le *Bal des Monstres.*

Ce bal était dans l'hôtel qui portait le même

nom ; il avait pour locataires les phénomènes
des foires de Paris et des environs. Là, ils attendaient d'être engagés par un *Barnum* quelconque, pour tromper les ennuis de l'inaction et
charmer leurs loisirs ; ils n'avaient qu'à
franchir une porte de communication pour être
dans la salle de bal, dont il eut fallu le crayon
de Callot pour rendre l'aspect.

En dehors des phénomènes : femmes colos-
ses, femmes géantes, nains, avaleurs de sabres,
hommes-squelettes, femmes-torpilles, femmes-
poissons, hommes sauvages, montreurs d'ours
et de chiens savants, personne n'allait à ce bal.
Il était inconnu par la population de la Villette.

C'était un bal de famille : on y voyait la
femme Hercule, qui pesait deux cent cinquante,
valser avec le nain aux jambes tortes, qui
posa pour le célèbre tableau du maître peintre
Fernand Pelez : *Les Saltimbanques* ; la femme-
poisson faisait vis-à-vis à la femme-à-barbe,
qui avait pour cavalier le fameux Albinos.

L'orchestre était composé d'une grosse caisse
et d'un trombone.

La rue de la Folie-Regnault, célèbre parce
que, dans cette rue, le bourreau y remise la
guillotine, est située à gauche, en montant la
rue de la Roquette, à deux pas de la guillotine,
en face les sombres et hautes murailles de la
prison des jeunes détenus, dans le voisinage
de la prison de la Roquette, il y exista un bal.

Quel bal !

Quel public !

Le tableau était bien fait pour le cadre.

Des fossoyeurs du cimetière du Père-Lachaise, les marbriers et les croquemorts étaient les habitués assidus.

Le patron, un ancien ténor de province, leur chantait *La Juive, Lucie* et le *Trouvère* entre deux quadrilles.

Mesdames les gardes-malades et les ensevelisseuses étaient les sirènes de céans.

Il est impossible de rendre la physionomie lugubre de ce bal et surtout le pittoresque des conversations macabres qui s'y échangeaient.

En 1848, le boulevard Contrescarpe, qui part de la place de la Bastille pour aboutir au pont d'Austerlitz, n'était pas un endroit où les passants pouvaient s'aventurer sans danger ; la bande des *dessaleurs* y opérait en toute sécurité. Chaque matin, on retirait du canal, qui longe le boulevard, un ou plusieurs cadavres.

Les maisons étaient rares, presque partout des terrains vagues ; au numéro 2, malgré cette solitude, il y avait une maison hospitalière qui portait pour enseigne : *A la Rose*, une énorme rose rouge au-dessus d'un numéro immense également peint sur une lanterne entourée d'un grillage de fer ; la maison avait pour patronne une ancienne cantinière d'un régiment de ligne, nommée Roguet ; son fils, qui était une des *terreurs* du quartier, fut guillotiné à Bordeaux en 1884.

Malgré son isolement, cette maison était toujours pleine, parce que les pensionnaires de la mère Roguet, contrairement à l'usage, allaient chercher la clientèle à droite et à gauche, aux abords surtout de la gare d'Orléans, qui était à proximité, le pont seulement à traverser.

Dans la salle se tenaient les amis de ces dames. A la fermeture, si un client se montrait récalcitrant, son affaire était claire, la bande sautait dessus, le dévalisait d'abord, heureux pour lui si on ne lui faisait pas faire un plongeon.

La renommée de ce bouge était si sinistre que les agents n'y allaient jamais, et que les patrouilles faisaient un long détour pour ne pas passer devant lui.

Quand le quartier se peupla, *la rose* ferma ses portes et, après quelques réparations, dans la salle même, s'ouvrit un bal tenu par un nommé Émile, mais jamais on n'appela le bal du nom du patron, il fut promptement surnommé le : *Bal des Vaches.*

Les quadrilles coûtaient un sou, les danses de caractère étaient gratuites.

Il ne faisait pas bon s'y aventurer en paletot.

La salle était au rez-de-chaussée, entre un assommoir et une *Bibine*, à deux sous le bock. Je n'ai jamais oublié la terrible impression que je ressentis en pénétrant dans ce bouge.

Une grande fille rousse, à qui j'offris un saladier à seize sous, me fit sommairement la biographie des danseurs. En l'écoutant, il me semblait que, ce soir là, les prisons de la Seine avaient donné un jour de congé à leurs pensionnaires.

Tous les jours de bals, c'étaient des rixes terribles.

On aura peine à croire que ce bouge ne fut fermé qu'au mois de juillet 1881.

Quelle puissance mystérieuse avait donc, pendant plus de vingt-cinq ans, protégé, en plein Paris, une pareille caverne ?

Le : *Bal des Balayeurs* était situé boulevard de Belleville, entre une maison mal famée et un marchand de vins, qui avait pour enseigne : *A la carotte filandreuse*. Ce cabaret était tenu par le père Henry, un ancien artilleur. En souvenir de son ancien métier, il avait installé, sur le boulevard, un tir au canon. Il va sans dire que le canon était en bois et que le projectile était une flèche.

Le but était un petit carton, sur lequel, en guise de numéros, étaient marqués : un canon, un demi-setier, une chopine et un litre. Suivant que le tireur atteignait une de ces marques, on lui servait au comptoir ce qu'il avait gagné. Ce jeu fit longtemps fureur.

La salle du *bal des Balayeurs* était tout ce qu'il y avait de plus primitif, elle était carrée, éclairée par un quinquet fumeux ; autour de la salle, des bancs de bois blanc, dans le fond, au centre, une clarinette et un tambour, perchés sur un tonneau, écorchaient les quadrilles dont le prix était d'un sou.

Ce bal était très fréquenté par les balayeurs, Alsaciens et Alsaciennes, qui étaient en grand nombre avant l'invention des balayeuses mécaniques ; ils laissaient leurs balais et leurs sabots à la porte d'entrée.

C'était très pittoresque à cause des types d'Alsaciennes qui disparurent en 1866. Ces femmes parcouraient les rues de Paris, vêtues de robes de grosse bure, courtes, qui laissaient voir des jambes épaisses, emprisonnées dans des bas de laine bleue, tricotés à côtes, chaussées de souliers ferrés, coiffées d'un petit bonnet de velours agrémenté de passementeries fanées. Elles vendaient des petits balais faits avec des copeaux de sapin, en criant : *Betits Palais pour tuir les muches.*

Le *bal de la Cave* était situé rue de la Bûcherie et rue des Grands-Degrés, à l'endroit même où fut brûlé Étienne Dolet, le 3 août 1546.

Ce bal était chez un marchand de vins, on l'avait surnommé ainsi parce qu'il se trouvait dans une cave ; l'entrée était derrière le comptoir. Les habitués descendaient par une échelle très roide, il fallait vraiment avoir le pied marin. Une lampe, un vieux quinquet, était suspendue au milieu de la voûte, un seul violon composait l'orchestre. Le patron, vieux jeu, ceint du traditionnel tablier de cuir, coiffé d'une casquette de loutre, ornée d'une queue de

renard, comme les gravures représentent les
geôliers de 1793, était un athlète terrible, pas
besoin de police avec lui ; quand une dispute
s'élevait et qu'il prévoyait une *batterie* sanglante,
il fermait tranquillement la cave en laissant
tomber la trappe ; quand il jugeait la paix réta-
blie, il l'ouvrait à nouveau, descendait, et gare
si on avait joué du couteau.

Les rives étaient fréquentes.

Le public habituel était les chiffonniers des
rues avoisinant la place Maubert ; ce fut dans
cette cave que Frédérick Lemaître alla étudier
sur le vif un type de chiffonnier pour composer
le rôle du père Jean du *Chiffonnier* de Félix Pyat.
Il acheta le costume du type qu'il avait choisi
moyennant cinquante francs, mais le chiffonnier exigea deux places pour assister à la première représentation. Frédérick joua ce rôle
dans ce costume sans y avoir fait changer
un bouton. On sait l'immense succès qu'il
obtint.

Les 9 floréal an V, 21 pluviôse, 25 germinal
an VI et 23 nivôse an VIII, on vendit l'ancien
monastère royal de l'Immaculée-Conception,
situé rue du Bac.

Les *Recollettes*, qui y avaient fondé une chapelle en 1637, en furent chassées.

Les particuliers, qui achetèrent les terrains,
firent construire des maisons, et quelques-uns
se contentèrent d'approprier les bâtiments.

La chapelle fut convertie en théâtre, le célèbre Potier y débuta. Le théâtre ne fit pas de

brillantes affaires, le spectacle était plus souvent dans la rue que sur la scène, on le transforma en salle de bal, elle prit le titre de : *Salon de Mars*, en 1836 ; on y dansait le jeudi et le dimanche.

Dans la rue du Bac, le public est tout indiqué, femmes de chambre, valets, cochers, palefreniers et grooms, cela n'avait de pittoresque que l'été ; quand madame et monsieur étaient en villégiature, les femmes de chambre endossaient sans façon une robe à la patronne et minaudaient pour la singer :

JEAN. — Madame la Duchesse veut-elle me faire l'honneur d'un tour de valse ?

ROSE. — Parfaitement, Monsieur le Marquis.

En 1848, le vaudevilliste Jacques Arago voulut transformer à nouveau le bal en théâtre, mais il ne réussit pas, le *Salon de Mars* résista « à la tempête révolutionnaire ». Mais il sombra plus tard.

Avant la loi de 1872, le boulevard Rochechouart, depuis la rue Fleury jusqu'à la chaussée de Clignancourt, côté des numéros pairs, était assurément un des coins les plus curieux de Paris, c'était le quartier général des *marchands d'hommes*, de ceux qui faisaient métier de fournir des remplaçants aux conscrits assez riches pour s'exonérer du service militaire, on les appelait dans le peuple : *Marchand de chair humaine*, et les remplaçants : *Cochons vendus*.

Les marchands d'hommes, pour la plupart

anciens repris de justice, tenaient boutique de marchand de vins-gargotier-logeur, la façade de la maison était ornée de drapeaux tricolores, des écussons représentaient, en pied, des soldats de toute arme, depuis le simple zouave jusqu'au capitaine de chasseurs.

Les remplaçants se vendaient généralement (il y avait une cote) de 1.500 à 2.000 francs. On les installait dans la boutique, ils buvaient, mangeaient et logeaient dans la maison ; pour compléter la chose, la maîtresse de la maison se dévouait, ils trouvaient tout réuni, bon gîte et le reste et, quand ils partaient pour le régiment, ils n'avaient plus le sou.

Tout ce monde était le public habituel du : *Bal du Delta*, situé presque à l'angle de la Chaussée-Clignancourt et du Boulevard Rochechouart.

On voit d'ici le public, surtout qu'il était complété par les rôdeurs du voisinage, les batailles étaient si fréquentes que les voisins ne s'en occupaient pas : « Ce sont les habitués du Delta qui s'amusent », disaient-ils.

Le : *Bal de la Boule noire*, boulevard Rochechouart, où se trouve la *Cigale* actuellement, était du même calibre.

La plupart de ces bals se trouvaient dans la banlieue de Paris, avant l'annexion, et donnaient à cette banlieue une animation extraordinaire et une physionomie particulière, ceux qui n'ont pas connu cette époque ne peuvent s'en rendre compte.

Le boulevard de Charonne, autrefois, malgré sa proximité du *Père Lachaise*, voisin peu réjouissant, était ce que l'on peut imaginer de plus vivant, une Kermesse perpétuelle, les dimanches surtout.

Les parents et amis, qui accompagnaient l'un des leurs au cimetière, au sortir de la nécropole, allaient sécher leurs larmes, noyer leur chagrin dans leur verre chez les marchands de vins des environs : *Au Grand Vainqueur, A la Tête de cochon, A l'Ours, A la Potence*, chez la *mère Élisabeth, Aux Amandiers, On est mieux ici qu'en face, 0 20 100 0*, etc., ils n'avaient que l'embarras du choix.

Le soir, tout ce monde se répandait dans les bals voisins, qui faisaient suite à ceux cités plus haut : *Au Grand Vainqueur, Robinson, Les Folies du Trône, Le bal du Petit Cochon, La Chaumière de Charonne, Le bal Hérot, Le bal Misère, Les Enfants du Cantal, le bal Bardel* et *Le bal Harmonium.*

A côté des ouvriers honnêtes, qui promenaient leurs familles, il y avait dans ces parages trois ou quatre repaires qui n'étaient pas, comme le *Château-Rouge* ou le *Père Lunette*, des repaires de carton où on ne sert au public que des figurants, pauvres diables déclassés, inoffensifs, que la police laisse s'abrutir en paix, on y rencontrait des vétérans du crime, qui avaient à leur actif vingt ou vingt-cinq condamnations et qui tuaient un homme pour trente sous.

Quand, autrefois — l'époque n'est pas si éloignée de nous — Paris n'était alimenté que par les fontaines publiques clairsemées et souvent éloignées, il était très désagréable de descendre un sixième étage, de faire quatre ou cinq cents mètres, surtout l'hiver, et de faire queue pour deux malheureux seaux d'eau impure, des Auvergnats ingénieux imaginèrent, moyennant une faible redevance, trois fois par mois, de fournir l'eau à domicile et d'épargner à la ménagère les ennuis de s'approvisionner. Ils commencèrent par porter sur leurs épaules, puis, peu à peu, l'industrie florissant on vit des tonneaux traînés à bras, ensuite, par des ânes et enfin par des chevaux. Les premiers Auvergnats établis à Paris en firent venir d'autres et, enfin, un beau jour, la capitale comptait une puissante corporation qui avait accaparé la vente de l'eau.

Peu à peu, l'eau à domicile et une multitude de fontaines à proximité firent graduellement disparaître la corporation des porteurs d'eau, comme elle s'était créée, mais l'Auvergnat est tenace et travailleur, d'ailleurs, il sait qu'à Paris on peut manger de la soupe et de la viande au lieu de pommes de terre et de châtaignes.

— Ah! Je ne peux plus vendre de l'eau aux Parisiens, se dit-il, eh! bien, j'en vendrai tout de même!

Favorisé par la loi de 1881, qui détruisait les licences, il s'établit marchand de vins.

Ils étaient déjà charbonniers, en boutique,

ils n'eurent qu'à acheter des bouteilles et du vin.

Accapareurs comme les grands magasins du Louvre ou du Bon Marché, ils y joignirent un commerce de fruiterie.

Un plus ingénieux ou plus rapace se tint ce langage :

— Au lieu de vendre mon vin quatorze sous à emporter, si je le vendais seize chez moi, au lieu de jeter au tas d'ordures mes légumes fanés, si je les faisais cuire, on consommerait ma ratatouille, on boirait mon vin.

Alors, de tous côtés, on vit surgir des charbonniers marchands de vins-gargotiers.

Quand on a le ventre plein, on ne demande qu'à s'amuser, les clients se mirent à faire une bourrée sans musique.

— Que je suis bête, pensa le malin Auvergnat, si je leur fournissais une musette !

Il alla trouver un pays et lui proposa de jouer, le soir, chez lui, il lui offrit comme gages à souper et un litre.

— Et de l'argent ? dit le musicien.

— Tu feras la quête.

— Tope-là, ça y est.

Qui fut dit fut fait. La première Musette était fondée. C'était en 1820, Avenue du Maine, n° 67.

La musette la plus célèbre fut celle qui se trouvait à l'angle du boulevard Clichy et de la rue des Martyrs, elle était connue sous le nom de : *Musette de Saint-Flour.*

La porte était surmontée d'une immense enseigne représentant un Auvergnat gigantesque, coiffé d'un fez rouge, en manches de chemise, avec un gilet bleu, soufflant de toute la force de ses poumons dans une énorme musette.

Cette musette était le rendez-vous des Auvergnats du voisinage, la bière et les échaudés n'avaient pas droit de cité, la payse Catherine ne voulait que du vin à douze, cachet vert, boire un litre s'appelait : mettre une épingle à sa cravate.

Il y avait à Paris environ quatre-vingts bals, sans compter les musettes. Où se recrutaient les musiciens indispensables ?

La constitution de la Confrérie des Ménétriers date de 1321. Deux ménétriers, Lefeuve, dit Jacques Grare de Pistoye, et Huette la Guette, Dulaure dit : « Jacques Grare et Hugues ou Huet le Lorrain, quoi qu'il en soit, ce furent eux qui fondèrent la confrérie.

En peu de temps, ils furent trente-sept confrères, ils firent construire un hospice avec une chapelle, laquelle prit le nom de : *Saint-Julien-des-Ménétriers*.

Ils se réunissaient dans la rue des Ménétriers et le plus souvent rue du Maure.

L'association marchait à souhait, lorsque les frères de la Doctrine chrétienne, qui convoitaient la chapelle, accusèrent la confrérie de couvrir de ses priviléges non pas seulement des musiciens, mais des filles perdues et des voleurs.

Un procès eut lieu et une transaction intervint.

Ménétrier vient de *Ménestrel*, expression d'origine normande ; c'était le nom des anciens poètes et musiciens qui allaient de châteaux en châteaux, en chantant des vers et récitant des fabliaux.

Les Ménétriers de 1321 avaient un règlement, scellé à la prévôté de Paris. Le voici à peu près :

« Les seuls jongleurs et ménétriers de la cor-
« poration de Paris ont le droit de faire enten-
« dre le bruit de leurs musiques aux fêtes qui
« se célèbrent dans la ville et d'y rester pen-
« dant toute leur durée ; les ménétriers étran-
« gers ne doivent point s'y présenter ; s'ils s'en
« avisaient, ils seraient condamnés à une
« amende ».

Les trente-sept confrères signèrent ce règlement.

Les Ménétriers étaient gouvernés par un roi et par le prévôt de Saint-Julien, tous deux avaient les pouvoirs nécessaires pour bannir de Paris, pendant un an et un jour, les Ménétriers parisiens qui, ne faisant pas partie de la corporation et n'ayant point juré d'observer les règlements tenteraient d'exercer leur métier dans cette ville.

En 1696, les *maistres gouverneurs de la Confrairie des Joueurs de violons et autres instruments,* payaient le cens à Madame de Montmartre, pour la place et l'église de Saint-Julien-des-Ménétriers et un petit logement à côté.

En 1714, malgré que la corporation des joueurs de violons eût son bureau rue Saint-Martin, 69, attenant à Saint-Julien, ils se donnaient rendez-vous, tous les dimanches, chez Zublet, à l'enseigne des *Trois bouteilles*, près la rue Thévenot, dans la rue des Petits-Carreaux.

Il y avait également à l'auberge de l'*Epée de bois*, une réunion de treize maîtres à danser et musiciens autorisés par Mazarin. Leur chef, se donnait pour le roi des violons.

La communauté des Ménétriers ne cessa d'exister qu'avec toutes les communautés supprimées en 1776.

Sous la Révolution, l'église fut démolie.

Voici les noms des bals disparus depuis cinquante ans. Cette nomenclature a sa valeur pour les chercheurs de l'avenir, car il n'existe à la Préfecture de Police aucun élément ; les archives qui concernaient les établissements qui sont de son ressort, ayant été brûlées en 1871, n'ont pas été reconstituées :

Le *Grand Salon*, rue Coquenard ; le *bal Desdoméne*, rue de Bellefond ; le *bal du Pérou*, même rue ; le *bal de Terpsichore*, rue Saint-Martin ; le *bal des Grands Marronniers*, quai de la Rapée ; le *Salon de Mars*, rue du Bac, le *bal des Monstres*, rue de Flandre ; la *Belle Moissonneuse*, rue Nationale (Aux deux Moulins) ; le *bal de la Cave*, rue de la Bûcherie ; le *bal du Mont-Blanc*, rue Saint-

Lazare ; le *Tivoli-Montmartre*, Butte Montmartre ; le *bal des Vertus*, rue d'Aubervillers ; le *bal Pérot*, grande rue de la Chapelle ; le *bal du Harlay*, rue des Arquebusiers ; *Frascati*, rue Vivienne ; le *bal Reversa*, boulevard Rochechouart ; *Mabille*, allée des Veuves ; le *bal des Corybantes*, plus tard les *Délices*, avenue de Vincennes ; le *bal des Arbicos*, barrière de l'École ; le *bal des Punaises*, plateau Saint-Honoré ; la *Puce qui renifle*, avenue Daumesnil et rue Philippe-de-Girard ; le *bal des Croquemorts*, rue de la Folie-Regnault ; le *bal Robert*, impasse du Cadran ; le *bal de l'Hermitage*, boulevard Clichy ; l'*Elysée-Buffet*, rue des Martyrs ; la *Reine Blanche*, boulevard de Clichy ; la *Boule Noire*, boulevard Rochechouart, où est la *Cigale* ; le *bal de l'Élysée-Montmartre*, même boulevard ; le *bal du Sauvage*, rue de Paris, à Belleville ; le *bal Desnoyers*, même rue ; le *bal Vapeur*, passage d'Allemagne, (Villette) ; *Valentino*, rue Saint-Honoré ; le *bal de la Rosière*, rue de Charenton ; le *bal de la Tour Solférino*, butte Montmartre ; le *bal du Chalet*, avenue de Clichy ; le *bal Desavit*, rue Cheroy ; le *bal du Coq Hardy*, rue de Lévis ; le *bal du Vieux Chêne*, rue Mouffetard ; le *bal de la Réunion*, rue de Lévis ; le *bal du Saumon*, passage du Saumon ; la *Salle Bréda*, rue Bréda ; *Les Folies-Meyer*, la *Terrasse*, le *bal des Chiens*, le *bal des Piliers*, le *bal des Noyers*, le *bal de la Place Saint-Michel*, les *Quatre Saisons*, le *Veau qui tète*, le *bal de la Sainte-Cécile*, les *Arènes Italiennes* (Bois de Boulogne), le *Château des Fleurs*, le *bal de la Place*

Sainte-Marie, le *bal des Vaches*, boulevard Contrescarpe ; *Aux Armes de France*, les *Grands Pavillons*, le *Galant Jardinier*, les *Barreaux verts*, le *bal du Plateau*, le *Pavillon Polonais*, le *bal Charles*, le *Jardin des Tilleuls*, tous ces bals étaient situés chaussée Ménilmontant ; le *bal des Balayeurs*, boulevard de Belleville ; les *Vendanges de Bourgogne*, faubourg du Temple ; les *Folies-Belleville*, rue de Paris ; le *bal Duvert*, boulevard des Batignolles ; le *Château-Rouge*, rue Clignancourt ; le *bal des Auvergnats*, rue de l'Abreuvoir, le *bal d'Aligre*, rue Saint-Honoré ; le *Prado*, quai du Marché-aux-Fleurs ; la *Grande Chaumière*, boulevard Montparnasse ; la *Salle Barthélemy*, rue de Bondy ; le *bal Montesquieu*, rue Montesquieu ; le *Ranelagh*, le *Pré Catelan*, au bois de Boulogne ; le *Casino Cadet*, rue Cadet ; l'*Eldorado*, rue Duphot ; le *bal du Grand-Turc*, rue des Poissonniers.

Il manque à cette nomenclature plusieurs petits bals qui ne valent pas la peine d'être mentionnés.

XII

Les Ponts.

Le Petit Pont. — Quand Paris portait le nom de *Lutèce*, ce n'était qu'une agglomération de misérables cabanes, véritables huttes, bâties de boues, entassées sans ordre, dans l'ile de la Cité. La Seine lui formait une véritable ceinture de tous côtés; on ne pouvait aborder dans l'Ile, de gauche à droite, que par deux ponts, l'un se nommait le *Petit-Pont,* et l'autre le *Grand-Pont.* Ces ponts étaient construits en bois ; ce ne fut que sous la troisième race qu'on commença à bâtir des ponts en pierre.

Au mois de janvier 861, les Normands rompirent les deux ponts, dont les piles trop rapprochées les unes des autres empêchaient leurs barques de remonter la Seine plus haut pour continuer leur route.

Charles le Chauve ordonna la reconstruction du Petit-Pont et du Grand-Pont, et, à leur extrémité, on éleva deux tours en bois qui, en 885, furent défendues par le comte Eudes et par l'évêque Gosselin, qui arrêtèrent une nouvelle invasion de Normands. L'année suivante, la moitié du Petit-Pont fut renversée par un débordement de la Seine.

Louis VI, à la place d'une des tours en bois qui s'élevait à l'extrémité septentrionale du

Grand-Pont, en fit construire une autre aussi en bois, mais plus considérable. Elle prit le nom de Grand Châtelet.

Au temps de saint Louis, c'était au passage du Petit Châtelet que se percevait le péage des droits d'entrées. Il y avait un tarif assez curieux.

On y lit que : ..... le marchand qui apportera un singe pour le vendre payera quatre deniers; que si le singe appartient à un *Joculator*, cet homme, en le faisant jouer et danser devant le péager, sera quitte du péage, tant dudit singe que de tout ce qu'il aura apporté pour son usage, de là vient le proverbe, disent Hurtaut et Magny « *payer en monnaie de singe* ». Un autre article porte que les *Jongleurs* seront aussi quittes de tout péage en chantant un couplet devant le péager. Ces auteurs ont pris ce renseignement à Sainte-Foix.

Le Petit-Pont fut détruit à nouveau par les grandes eaux en 1280, 1296 et 1325.

Maurice de Sully fit reconstruire le Petit-Pont en pierre afin que les fidèles de la rive gauche puissent aller à l'église Notre-Dame suivre les offices.

En 1394, un Juif, nommé Denis de Machault se convertit au catholicisme, l'année suivante il disparut. Ses coreligionnaires furent accusés de l'avoir tué. Cette accusation absurde fut cause que sept d'entre eux furent jetés dans les cachots du Châtelet; après un simulacre de jugement, ils furent condamnés à recevoir le fouet, par tous les carrefours, pendant quatre dimanches consécutifs.

Il faut se reporter au temps d'alors pour se rendre compte combien cette peine était cruelle. Il n'y avait pas moins de vingt-sept carrefours :

Le carrefour *aux Chats*, rue Saint-Honoré, de *Bussi*, rue Dauphine, de la *Bastille*, rue Saint-Antoine, *Baudoyer,* rue de la Tisseranderie, de la *Butte Saint-Roch*, rue Royale, de la *Croix-de-Clamart,* rue du Jardin-du-Roi, de *Croix-Rouge,* rue de Grenelle, de la *Croix-du-Trahoir*, rue Saint-Honoré, de la *Place Cambray*, rue Saint-Jacques, de l'*Ecole*, quai de l'Ecole, *Guilleri,* rue de la Coutellerie, de la *Pierre-au-Lait*, rue de la Vieille-Monnaie, de la *Pitié*, rue de la Pitié, du *Carrousel* ou des *Tuileries*, etc., etc.

Après avoir subi la moitié de leur peine, on leur fit remise du reste moyennant une amende de 1.800 écus d'or, qui servit à reconstruire en pierre le Petit-Pont ; mais il ne fut pas plus durable que les autres, il tomba l'année suivante. Charles VI le fit refaire à grands frais ; il subsista jusqu'en 1718, époque à laquelle il fut détruit de fond en comble par un effroyable incendie allumé par le hasard.

Le 20 avril 1718, un enfant se noya en jouant sous le Petit-Pont, la mère le chercha en vain. Pour retrouver son cadavre, se souvenant d'une vieille superstition, elle prit un pain bénit, y planta un cierge allumé, le mit dans une écuelle en bois et l'abandonna au fil de l'eau, pensant que l'écuelle s'arrêterait à l'endroit où gisait le corps de son enfant; le miracle attendu se borna à ce que le cierge mit le feu à deux bateaux de foin amarrés au-dessus du Pont de la Tournelle, les amarres se rompirent, ils vinrent échouer contre les piles du Petit-Pont ; au bout de deux heures, il ne restait rien du Pont ni des maisons bâties dessus.

Le Petit-Pont fut encore une fois reconstruit et depuis plus d'un siècle il est solidement debout.

Charles VI avait institué une confrérie moitié municipale moitié artiste qui avait pour mission de surveiller et entretenir les *Ponts de la Ville, Cité et Université ;* ses membres se dénommaient : *Maître juré des Ponts.*

Le *Grand-Pont* a vu passer les légions de César, il était alors bâti en bois grossièrement équarri ; le vainqueur des Gaules fit bâtir un palais fortifié à la tête du pont, cette forteresse qui devint plus tard le Châtelet, servit, en 885, à défendre Paris contre les Normands-Danois conduits par Sigefroy. Les envahisseurs ne purent incendier le pont malgré qu'ils lancèrent contre les piles plusieurs bateaux enflammés ; la Seine fut pour ces barbares un auxiliaire puissant, ce que le feu avait été impuissant à détruire, le fut par l'eau qui emporta la moitié du pont, l'autre moitié résista pendant plusieurs siècles et les piles servirent de fondations au *Pont des Meuniers* qui devint le *Pont Marchand.*

Plusieurs auteurs contestent que les forteresses du Petit-Pont et du Grand-Pont aient été construites par César, j'ignore sur quels documents ils basent leur assertion, mais ce qu'il y a de certain, c'est que la domination des Romains dura près de 500 ans dans les Gaules.

Il est non moins certain que la forteresse du Châtelet fut réparée par les soins de Robert le Pieux, vers 996.

Le Grand-Pont prit le nom de *Pont aux Changeurs, au Change et de la Marchandise*, il a conservé le second de ces deux noms parce que en 1141, Louis VII y établit le change.

Les changeurs furent institués pour recevoir, dans les différentes villes du royaume, les monnaies anciennes, défectueuses, étrangères, hors de cours ; en donner à ceux qui les leur portaient une valeur prescrite en espèces courantes, envoyer aux hôtels des monnaies les espèces décriées qu'ils recevaient et veiller à ce que les particuliers n'en détiennent point.

Sous le règne de Charles VI, en 1422, la multiplication des monnaies différentes eût rendue le commerce impraticable sans le secours des changeurs. Ils s'établirent sur le Grand-Pont qui changea alors complètement d'aspect.

Les changeurs n'acquittaient pas toujours le change en espèces, ils donnaient parfois des cédules ou billets, c'est à cet usage qu'il faut rapporter l'origine des *lettres de change*.

Cet usage ne tarda pas à dégénérer en abus,

les Juifs et les Lombards usurpèrent cette partie essentielle du commerce et créèrent l'usure, ce fut pour remédier à ces abus pernicieux que Philippe le Bel établit des changes publics dans quatorze lieux différents et prescrivit les règlements qui devaient y être observés. Ces règlements furent impuissants.

Au carnaval, on dressait le long du Pont au Change, des tables, sur lesquelles les amateurs venaient jouer aux dés, cet usage des plus anciens fut interrompu en mars 1604.

L'Etoile dit à ce sujet, que ceux dudit pont étant interrogés sur cette suspension des jeux répondirent malignement : *Qu'ils voulaient être sages désormais et bons ménagers, puisque le roi Henri IV en donnait l'exemple.*

Cette réponse était une épigramme, car Henri IV était un des plus forts joueurs du royaume.

Dans la nuit du 23 au 24 octobre 1621, le feu prit au Pont Marchand, le Grand-Pont qui n'en était distant que de cinq toises (dix mètres) brûla entièrement en moins de trois heures avec toutes les maisons construites dessus.

On le rebâtit en bois, le feu le détruisit à nouveau en 1639 ; la même année, il fut reconstruit en pierre, le travail dura huit années, c'est-à-dire qu'il fut achevé en 1647, mais on y passait dès 1645 au moyen d'une passerelle.

On conserva dans la nouvelle construction la direction du Pont Marchand, de sorte que le pont avait deux entrées, l'une communiquant au quai de Gèvre, et l'autre au quai de la Mégisserie ; le pont était composé de sept arches, il avait 123 mètres 75 centimètres de longueur et 32 mètres de largeur. Il a été entièrement reconstruit en 1860.

Pont Notre-Dame. — Bien avant 1313, il existait à la place du Pont Notre-Dame, un petit pont de bois qui servait de communication avec les moulins construits sur la Seine, il se nommait : *Pont de la Planche Mibray*, tenait d'un côté à la Cité et s'avançait jusqu'aux moulins qui étaient au milieu de la Seine, le reste du chemin était formé de planches mobiles que l'on plaçait ou déplaçait à volonté.

Corrozet dit, en parlant de ce pont : *A la rivière de Seine au lieu que l'on dit les planches demy-bray, c'est-à-dire la moitié du bras de la Seine, là avait un pont de bois qui s'adossait à Saint-Denis-de-la-Chartres.*

En 1413, le 31 mai, fut planté le premier pieu du Pont Notre-Dame, en remplacement de celui de la planche Mibray ; Charles VI avait octroyé quinze arpents de bois de ses forêts, en affectant à cette construction le tiers des impôts de la ville.

La plantation du premier pieu, par Charles VI, eut lieu en présence des ducs de Guienne, de Berry, de Bourgogne et du sire de la Trémoille. Robert Gaguin en parlant de cette *Merveille* du temps dit : « Il était chargé de soixante maisons, trente de chaque côté de la route. Lorsqu'on s'y promenait, ne voyant point la rivière,

« l'on se croyait sur terre et au milieu d'une
« foire par le grand nombre et variétés de mar-
« chandises qu'on voyaient étalées. On peut
« dire que ce pont, par la beauté et la régula-
« rité des maisons qui le bordaient, était un des
« plus beaux ouvrages qu'il y eut en France.
« Ces maisons étaient en bois, quelques-unes
« sculptées, peintes de diverses couleurs, et
« leurs vitraux coloriés, enchâssés dans des
« fenêtres en ogives, ajoutaient à l'éclat du
« spectacle. Selon l'usage, des moulins étaient
« au-dessous, établis sur des bateaux ».

Les orfèvres et changeurs, à cause de la
proximité du Pont au Change, ne pouvaient s'y
établir, ces maisons furent occupées par différents corps de métiers, entre autres par le
célèbre libraire Antoine Vérard.

Le pont était long de soixante-quatorze pas,
et large de dix-huit, il était établi sur dix-sept
faisceaux de quarante pieds de hauteur.

Ce pont qui, suivant le chroniqueur Robert
Gaguin, était une *merveille*, dura peu. Le *vendredi*
29 octobre 1499, un charpentier vint avertir le
lieutenant-criminel que le pont s'écroulerait
avant midi. On fit à la hâte évacuer les maisons,
et, à neuf heures du matin, le pont s'effondra
avec un fracas épouvantable.

Le Parlement manda à sa barre les échevins
de Paris et les fit emprisonner. Par arrêté du
5 janvier 1500, il destitua Jacques Piedefer,
prévot des marchands; Antoine Malingre, Louis
du Harlay, Pierre Turquant et Bernard Ripault,

échevins, furent condamnés à de si fortes amendes qu'ils ne purent les payer et moururent en prison.

Le roi Louis XII ramena de Vérone un architecte italien nommé Jean Joconde, lequel fut chargé de fournir les plans pour la reconstruction du pont. Ces plans furent exécutés par Didier Sélin, maître des œuvres de maçonnerie de la ville ; le roi accorda pour les frais, 6 deniers pour livre à prendre pendant six ans aux entrées de Paris sur tout le bétail à pieds fourchés, sur le poisson de mer et le sel.

Ce pont composé de six grandes arches égales et de soixante-huit maisons, fut achevé en 1507, suivant le bibliophile Jacob, et en 1512, suivant Heusey, il était le plus large de tous les ponts.

Sur une des arches était gravé ce distique en l'honneur du savant architecte :

Jocondus germinos posuit tibi Sequana pontes
Nunc tu jure potes dicere pontificem.

La construction du Pont Notre-Dame coûta deux cent cinquante mille trois cent quatre-vingt livres, quatre sols, quatre deniers tournois. Les maisons étaient louées soixante livres chacune.

En 1786, les maisons furent supprimées, en 1793 on l'appelait le *Pont de la Raison.*

En 1859, on voyait encore sur ce pont la fameuse Pompe Notre-Dame.

Le Pont Marchand était voisin du Pont au Change, avant de s'appeler le : *Pont aux Meuniers,* il se nommait : *Pont aux Colombes*, à cause de l'immense quantité de pigeons qui avaient élus domicile dans les combles des maisons élevées sur le pont et dans les moulins qui étaient nombreux et augmentaient chaque jour.

Ce pont n'était pas livré à la circulation, parce que les meuniers avaient à cacher les vols de farines qu'ils faisaient passer sur le compte des déchets ordinaires de la mouture.

Sur les plaintes des habitants, le prévot des marchands ordonna, en 1432, que les grains seraient pesés en allant au moulin, et repesés à nouveau en en sortant comme farine ; on installa des balances devant le Châtelet dans une loge couverte en tuiles. On donna à cette balance le nom de : *Poids du roi*.

Le contrôleur percevait un sol tournois par septier de grain ou de farine.

La trépidation produite par les roues des moulins ébranla le pont, à tel point, que dans les premiers jours de décembre 1596, les maîtres des Ponts sommèrent les meuniers de déloger. Les meuniers ne tinrent aucun compte de l'ordre reçu, mal leur en prit, car le 22 du même mois, le pont s'écroula avec un fracas épouvantable, ensevelissant sous ses décombres tous ceux qui habitaient les maisons et les moulins.

Le nombre des morts s'éleva à cent cinquante. « On remarque, dit l'Estoile, que la

« plupart de ceux qui périrent en ce déluge
« étoient tous gens riches, aisés, mais enrichis
« d'usures et de pillages de la Saint-Barthélemy
« et de la Ligue. Le lendemain les gens du roi
« dirent à la Cour du Parlement qu'ils ne sa-
« voient d'où procédoit cet accident, si ce n'est
« de ce que, les rois ayant donné ledit pont au
« Chapitre de Notre-Dame, ledit Chapitre ne
« voulut pas souffrir que ledit pont fut visité
« par les maîtres des œuvres du roy. »

En 1598, Charles Marchand, capitaine des
Arquebusiers de la Ville de Paris, obtint de
reconstruire le pont à ses frais et de lui donner
son nom. Il fut construit en l'espace de dix
ans, avec cinquante maisons symétriques de
chaque côté, la chaussée avait dix-huit pieds
de large. Une table de marbre portait cette inscription gravée :

Mercator fecit et nomen ipse dedit.

Le Pont Marchand fut détruit, en 1621, par un
incendie, et ne fut pas reconstruit.

Une particularité bizarre : les maisons du
Pont Marchand ne portaient pas de numéro,
sur chaque enseigne étaient peints des oiseaux
de tous pays, ce qui lui fit donner le surnom
de : *Pont aux Oiseaux.*

Après la destruction du Pont Marchand, il
ne restait plus de communication entre la rive
gauche et la rive droite de la Seine. Un nommé
Barbier installa un Bac en face de la rue du Bac
qui en a gardé le nom et le Pont Royal actuel.

Plus tard, Barbier qui possédait des terrains juste où se trouve la rue de Beaune, fit construire d'une rive à l'autre un pont de bois qui prit son nom.

Dans le peuple on ne le nommait que le : *Pont rouge*, parce qu'il était peint de cette couleur, il fut détruit en 1684.

En 1614, l'île Saint-Louis n'existait pas, à sa place il y avait deux îlots, l'îlot Notre-Dame et l'îlot aux Vaches. Le premier et le plus considérable forme aujourd'hui le terrain compris entre les quais de Béthune, de Bourbon, d'Orléans et d'Anjou jusqu'à la rue Bretonvilliers, au midi, et jusqu'au delà de la rue Poulletier, au nord, l'île des Vaches forme le reste.

Lors de la transformation de ces îles, la concession avait été donnée à un entrepreneur nommé Marie.

Un sieur Lagrange, secrétaire du roi, qui convoitait cette entreprise, essaya de supplanter Marie, il mit en œuvre toutes les influences pour arriver à ses fins ; en 1623, il devint cessionnaire du privilège et s'engagea à continuer les travaux de son prédécesseur, et en outre à édifier un pont de bois en six ans pour joindre l'île au quartier Saint-Landry, et un pont de pierre pour la réunir aux Tournelles.

Le pont de bois était presque achevé en 1634, lorsque pendant le jubilé, trois paroisses en procession et se disputant la préséance, se précipitèrent en masse sur le pont. Les balustrades cédèrent sous le poids, et beaucoup de gens tombèrent dans la Seine. Cet accident fut la cause que le Parlement interdit le passage des ponts de bois aux processions (1636).

Ce pont fut détruit par une inondation, et reconstruit en 1717, on n'y passait qu'à pied et en payant un liard.

Comme il était peint en rouge, on ne le connaissait que sous ce nom. Il fut remplacé par le Pont de la Cité.

Les quais n'existaient pas, ou à peine ; la Seine livrée à elle-même pouvait déborder à sa fantaisie, elle ne s'en faisait pas faute.

La première inondation remonte à l'an 583. L'eau couvrait alors tout l'espace, depuis la Cité jusqu'à l'église Saint-Laurent. On allait en bateau jusque sur les hauteurs qu'occupe maintenant le faubourg Saint-Denis.

En décembre 1206, le Petit-Pont et les maisons dont il était couvert furent entraînés par le courant. Les eaux s'élevèrent jusqu'au second étage dans la Cité. Henri, abbé de Saint-Denis, se rendit à Paris, à la tête d'une procession de prélats et de clercs, marchant pieds nus ; il portait *le saint clou, la sainte couronne du très-saint bois*, etc., et, ajoute un historien du temps, il donna sa bénédiction à la Seine, qui ne fit qu'augmenter.

En janvier 1281, presque tous les ponts furent détruits. Pour prévenir la destruction du Grand-Pont, on fit disparaître les moulins flottants qui y étaient attachés. Ces moulins appartenaient aux églises ; le chapitre de Notre-Dame se fâcha et suspendit l'office divin pour punir les auteurs de cette suppression pourtant si utile.

Le 20 décembre 1295, les eaux couvrirent presque toute la ville et renversèrent le Grand et le Petit-Pont. Trois bateaux furent employés à porter des vivres dans les maisons entourées par les eaux. Ce désastre se prolongea jusqu'au 1er janvier 1297. Les eaux minaient la rive du côté de l'hôtel de Nesle.

Philippe le Bel ordonna au prévôt des marchands de faire construire un mur de terrasse depuis les Grands-Augustins jusqu'à la tour de Nesle, mais ce n'est qu'en 1313 que cette partie des rives de la Seine fut convertie en quai. Ce fut le premier travail de ce genre exécuté à Paris.

A la fin de janvier 1408, le Petit-Pont, le Pont au Change, le Pont Saint-Michel, le Pont-Neuf, furent presque détruits. En juin 1426, la Seine s'éleva subitement ; son débordement fut si rapide, qu'il éteignit le feu de la Saint-Jean préparé sur la place de Grève. La crue augmenta les jours suivants ; ce débordement dura six semaines et causa de grands ravages.

Le 8 juin 1427, les pluies continuelles depuis le mois d'avril élevèrent les eaux. Les îles Saint-Louis et Louviers furent inondées. La Seine monta jusqu'au premier étage des maisons dans les rues de la Mortellerie (de l'Hôtel-de-Ville aujourd'hui) et de la Vannerie. En 1498, les eaux couvraient la place de Grève (Hôtel-de-

Ville), la place Maubert jusqu'aux Carmes et inondaient la rue Saint-André-des-Arts. On érigea au coin de la *Vallée-de-Misère* un pilier surmonté d'une image de la Vierge, avec cette inscription :

> Mil quatre cent quatre vingt-treize,
> Le septième jour de janvier,
> Seyne fut ici à son aise,
> Battant le siège du pillier.

Ces désastres firent sentir la nécessité d'exhausser le sol de Paris, ce qui ne tarda pas à être successivement exécuté.

XIII

Les Fontaines.

Les eaux de la Seine qui servaient à l'alimentation de la ville de Paris étaient élevées par les pompes situées au Pont Notre-Dame et par la Samaritaine.

Vers 1750, il y avait pour la conduite des eaux dans Paris onze mille huit cent quatorze toises de tuyaux (23.628 mètres) de plomb sous le pavé de Paris ; les eaux qui provenaient des sources de la banlieue étaient amenées dans des rigoles de pierre qui avaient six mille cinq cents toises de longueur (13.000 mètres).

On estimait que chaque habitant consommait un pouce d'eau par jour, ce qui donnait vingt pintes par jour par chaque personne, on comptait environ huit cent mille habitants, il fallait huit cents pouces d'eau.

La pompe de Notre-Dame selon que la Seine était haute, basse ou moyenne, donnait par jour 100 à 125 pouces d'eau. 125

L'aqueduc d'Arcueil donnait 40 à 50 pouces. 50

La pompe de la Samaritaine 25 à 30 pouces 30

L'aqueduc des Prés-Saint-Gervais, 12 à 15 pouces. . 15

L'aqueduc de Belleville 10
―――
230

Les porteurs d'eau avaient donc à distribuer tous les jours dans Paris 570 pouces d'eau pour compléter les 800 pouces que la ville consommait.

Dans les rues et les églises de Paris avec la despense qui se fait chascun jour ; le tour de l'enclos de ladite ville avec l'enclos du Bois de Vincennes et les épitaphes de la grosse tour dudit Bois qui la fonda qui la parfist et acheva. Et avec ce, la longueur, la largeur et la hauteur de la grant église de Paris avec le blason de ladite ville, opuscule imprimée chez F. Auboyns, vers 1520, on trouve cette nomenclature de fontaines de Paris :

La fontaine de *la Reine, Sainct-Innocent,* la fontaine près *le Chastelet, Maubrier,* du *Ponceau,* des *Cinq-Diamants,* de *la Croix des Tirois,* des *Halles,* de *la Porte Baudet,* de *la Grève, Sainct-Avoye,* du *Temple, Sainct-Julien,* du *Paradis,* de *la Barre du Bec, Sainct-Ladre,* de *Braque,* des *Tournelles,* de *Notre-Dame,* du *Palais, Sainct-Séverin, Sainct-Benoît,* de devant *les Carmes,* de *Saincte-Geneviève,* de *Sainct-Cosme,* de *la Porte Sainct-Michel.*

En tout vingt-six fontaines. Dulaure n'en compte que dix-huit.

Les fontaines ne fournissaient que peu d'eau à cause du trop grand nombre de concessions accordées aux maisons religieuses et aux riches particuliers ; pour remédier à cet état de chose et faire droit aux réclamations légitimes de la population, Henry IV ordonna une augmentation de l'impôt sur les vins à leur entrée dans Paris. Le produit de l'impôt fut affecté à la réparation des aqueducs des Prés-Saint-Gervais et de Belleville, ce travail fut terminé en 1602.

A cette époque (1768), la Seine, quoique n'ayant pas l'égout collecteur, n'était pas des plus pures, car Hurtaut et Magny nous rapportent qu'un particulier nommé Dufaud, le 17 mai de la même année, obtint du Parlement, sur le rapport du lieutenant de Police, l'autorisation de former une Société pour fournir aux particuliers de l'eau de Seine clarifiée à raison de deux sols dix deniers la voie tenant trente-six pintes, à quelque étage que ce fut.

Les porteurs d'eau de cette Compagnie portaient une veste et une culotte bleue garnies de boutons jaunes sur lesquels étaient gravés les armes de la ville.

Les conducteurs des tonneaux sonnaient du cor pour avertir les habitants de leur passage.

Les seaux qui contenaient l'eau étaient marqués intérieurement de quatre clous de cuivre.

Il se créa à côté une corporation de porteurs d'eau. C'étaient presque tous des Auvergnats, ils allaient puiser l'eau aux fontaines publiques et parcouraient la ville en criant :

> *Qui veut de l'eau ?* **A chacun duyt**
> C'est un des quatre élémens ;
> On n'en vend pas à un chacun,
> Pourquoi je n'en vend pas souvent ?

L'aqueduc Saint-Gervais fournissait des eaux qui provenaient des hauteurs de Romainville et de Mesnil-Montant. Ces eaux se réunissaient dans un réservoir des Prés-Saint-Gervais, et, de là, étaient amenées à Paris pour alimenter les fontaines. Ces aqueducs existaient au XIIIᵉ siècle et alimentaient la fontaine Saint-Lazare avant 1265.

L'aqueduc d'Arcueil qui devait faire parvenir les eaux de Rungis au château d'eau de l'Observatoire, fut achevé en 1621, l'eau fut distribuée entre quatorze fontaines, la fontaine de *la Place de Grève*, dont Louis XIII posa la première pierre le 28 juin 1624 ; la fontaine de *la rue Mouffetard*, la fontaine *Censier, Saint-Magloire,* du *Collège de Navarre, Saint-Michel, Sainte-Geneviève, Saint-Cosme*, etc., etc.

Quand la pompe Notre-Dame fut en état de bon fonctionnement elle alimenta la fontaine *Saint-Michel*, rue de la Harpe (1682), des *Cordeliers*, entre la rue du Paon et le passage du Commerce (1668-1717), de *Sainte-Avoye* (1682), de *Labrosse*, au coin des rues de Seine et Saint-Victor (1688-1678), *Montmorency* (1713), *Saint-Martin*, au coin de la rue du Vert-Bois (1712), *Garancière* (1715-1718), *Bas-froid,* angle de la rue de Charonne (1671), *Saint-Benoît*, place Cambrai (1624).

Ce fut à la fontaine *du Ponceau* que Louis XI faisant son entrée à Paris, fut reçu par « des « sauvages combattant, et par trois belles filles « faisant personnages de sirènes toutes nues... « Ce qui était chose bien plaisante et disant de « petits motets et bergerettes », pendant ce temps le vin remplaçait l'eau dans la fontaine, dit Jean de Troyes.

La fontaine *de Birague* était située rue Saint-

Antoine, en face le collège Charlemagne, sur un terrain appelé Cimetière des Anglais, elle fut construite en 1519, par René de Birague.

La fontaine qui existe aujourd'hui au coin de la rue de l'Arbre-Sec et de la rue Saint-Honoré, est celle qui était connue sous le nom de *Trahoir,* du *Tiroir* ou *Tirois,* elle était primitivement en plein milieu de la rue de l'Arbre-Sec. Construite en 1529, par François Ier.

Cette fontaine était gênante pour la circulation, elle fut déplacée en 1699, et reconstruite en 1776 sur les dessins de Soufflot.

La fontaine *du Palais,* fut édifiée par les soins de François Miron, dans la Cité, sur l'emplacement de la maison du père de Jean Chastel qui tenta d'assassiner Henri IV, quelques années plus tard. Cette fontaine fut transportée dans la cour méridionale du Palais-de-Justice ; on la connaissait sous le nom de fontaine *Sainte-Anne.*

La fontaine *des Haudriettes,* en 1636, se nommait fontaine *Neuve.*

Elle reprit ce nom en 1760, époque à laquelle elle fut reconstruite sur les dessins de Moreau.

La fontaine *du Diable,* était en 1759, au coin de la rue de l'Echelle et de la rue Saint-Roch.

La fontaine *du Marché Saint-Jean* fut édifiée en 1768.

La fontaine *du Regard Saint-Jean,* au coin de la rue Neuve-Notre-Dame, datait de 1748.

La fontaine *Censier,* au coin de la rue Mouffetard, figurait un satyre à mi-corps qui pressait une outre d'où l'eau sortait.

La fontaine *de Tantale* était adossée aux maisons qui formaient la Pointe-Sainte-Eustache, dans une niche ; un vase recevait l'eau qui sortait d'une coquille au-dessus de laquelle était une tête couronnée de fruits qui, la bouche ouverte, semblait s'efforcer de se désaltérer, sans y parvenir, avec l'eau contenue dans la coquille.

La fontaine *de l'Ecole de Médecine* (1806) était adossée au couvent des Cordeliers. Elle présentait quatre colonnes doriques, cannelées, supportant un vaste entablement ; à travers ces colonnes, il existait un emplacement en forme de niche, au bas de laquelle était un vaste bassin.

Cette fontaine fut remplacée par une porte s'ouvrant sur l'hôpital de la Clinique.

Place Dauphine, il existait une fontaine élevée par souscription par les amis du général Desaix. Elle faisait face à la statue du roi Henri IV, sur le Pont-Neuf ; au bas, sur des tablés de marbre plongeant dans la vasque, étaient inscrits les noms des souscripteurs et ceux des corps qui formaient l'armée d'Italie.

Diverses autres inscriptions étaient gravées sur le monument, la principale était les paroles du célèbre général blessé à mort à Marengo :

Allez dire au premier Consul
Que je meurs avec le regret de n'avoir pas assez fait
Pour la Postérité.

XIV

Cabarets.

Jusqu'à la Révolution, les cabarets formaient trois catégories distinctes à Paris :

Les cabarets à pot et à pinte vendant au détail.

Les cabarets à pot et à assiette.

Les cabarets qui donnaient à manger, à boire et logeaient. Ces derniers étaient plutôt des aubergistes que des cabaretiers.

Conformément aux ordonnances d'Orléans, art. 25, et de Blois, art. 39, les cabaretiers ne pouvaient donner à boire et à manger, les dimanches et fêtes, pendant les offices divins.

Il existait, en 1780, 25 cabaretiers suivant la cour.

Ce n'était pas comme aujourd'hui, où le premier venu, failli, voleur, faussaire, escroc, assassin, repris de justice faisant partie de la bande noire, peut ouvrir boutique, empoisonner le peuple, l'abrutir, le démoraliser, concourir à la dépopulation de la France en développant toutes les horreurs de l'alcoolisme. Pour être cabaretier à Paris, il fallait avoir une lettre des maîtres et gardes de l'Hôtel de Ville et du Procureur du Roi. Les cabaretiers avaient cinq fêtes chaque année : Pâques, la Pentecôte, la Notre-Dame d'août, la Toussaint et Noël ; ceux qui étaient à pot et à pinte ne fermaient pas, il n'y avait que ceux qui étaient à pot et à assiette.

Chaque fois que je passe rue du Temple ou rue Saint-Sauveur, je m'arrête devant deux ou trois antiques cabarets qui, au-dessous d'une vieille enseigne : *Au Bon Coin, au Soleil d'Or, aux Trois Maillets*, portent cette date : 1602 ou 1650 !

Un monde disparu défile devant moi. Je me représente les cabarets du XVIIe siècle, enfumés, des salles sombres, basses de plafond, une grille en fer forgé, ornée de feuilles de vignes, de grappes de raisins à la devanture, un comptoir en bois, des tables en chêne ciré, des bancs et des escabeaux sculptés pour siéges, le tout éclairé par un quinquet puant ou par des chandelles des six.

Ces cabarets avaient une clientèle qui ne se mêlait pas, on n'était pas fidèle aux femmes, on était fidèle aux crûs.

Bacchus détrônait Vénus.

Le vin a inspiré de grands poètes ; n'était-ce pas dans un cabaret, à l'enseigne du *Mouton Blanc*, que se réunissaient Molière, Boileau et La Fontaine ?

Le prince de Ligne et le comte de Pœlnitz sortaient ensemble d'un de ces cabarets après une bonne petite orgie.

Le prince de Ligne s'écria :

— Mon Dieu, que les Français ont donc d'esprit !

— C'est bien malin, répondit M. de Pœlnitz, quand on a des vins comme ceux-là à boire !

Un des plus anciens fut le cabaret de *la Pomme de Pin*; il était situé dans la cité à l'angle de la rue Constantine; Rabelais le comptait parmi « les tavernes méritoires ou louponisaient joyeusement les escoliers de la cité ».

Une fois par semaine, au cabaret, se rencontraient Molière, Racine, Boileau et La Fontaine; y venaient parfois Lully, Mignard et Dufresnois.

Les Plaideurs et le *Chapelain décoiffé* furent composés dans ces joyeux repas.

Ce cabaret disparut en 1860.

Ce n'est pas d'hier que datent les restaurants à bas prix; bien avant la Tour de Nesles, il y avait « des Orsini et des Taverniers du diable » qui empoisonnaient les pauvres gens.

Un marchand de vins nommé Chamfort, au n° 10 de la rue Childebert, vers le milieu du règne de Louis XIV, faisait la cuisine pour les peintres; il servait deux œufs sur le plat pour 3 sous, la moyenne du prix de ses dîners n'arrivait jamais à *12 sous !*

Rue Saint-André-des-Arts, *l'Hôtel de Château-vieux* avait des prix fixes, on dînait pour *30 sols;* en 1691, même rue, on dînait pour *20 sols* au *Coq Hardy* et aux *Trois Chapelets.*

Rue des Fossés-Saint-Bernard, sous Louis XIV, chez Guérin, *Hôtel* de *Gaillarbois,* un cavalier payait par jour 20 ou 24 sols pour sa chambre; à *la Couronne d'or,* Derecourt donnait à dîner ou à souper pour 14 sols; *Hôtel de Lisieux,* chez Arnoud, on payait le repas 30 sols; au

Cheval rouge et à *l'Écu de Bretagne*, on dînait pour
15, 10 et même 5 sols.

En 1691, il en coûtait, pour dîner au *Petit
Trianon*, rue Tiquetonne, 15 sols.

Rue de Buci, à la même époque, on dînait
pour 15 sols à *l'Hôtel de Stockolm*.

Rue Bourbon-le-Château, à *l'Hôtellerie de
l'Écu*, 20 sols par tête ; rue Bailleul, en 1757,
d'Hote, aubergiste, y servait des repas à 15 sols.

Enfin Paris était, dans chaque quartier,
absolument bondé de cabarets et d'hôtelleries, il
n'y avait aucune crainte de mourir de faim ou
de soif.

La rue de la Huchette, dès le xive siècle,
était exclusivement habitée par des rôtisseurs ;
d'après Guillot, il s'exhalait de cette rue un parfum culinaire qui embaumait, il dit, dans : *le dit
des rues de Paris :*

La rue de la Huchette à Paris
Première dont pas n'a mespris.

Sauval, moins gourmand que le poète Guillot, ne chante pas les rôtisseurs, mais il rap-
porte que le père Bonaventure Calatagirone,
général des Cordeliers, l'un des négociateurs
de la paix de Vervins, avait été si frappé de la
rôtisserie de la rue de la Huchette, qu'à son
retour en Italie, c'était la seule merveille qu'il se
plut à rappeler.

Mercier, dans son *Tableau de Paris*, dit que les
Turcs qui vinrent à la suite du dernier ambas-
sadeur Ottoman, ne trouvaient rien de plus

agréable à Paris que la rue de la Huchette en raison des boutiques de rôtisseurs et de la fumée succulente qui embaumait la rue.

Page 11, je parle du célèbre *Flicoteaux,* restaurant d'étudiants qui est resté légendaire ; vers 1856, on chantait à Paris une chanson qui devint promptement populaire :

. . . .
Nous irons manger de la galette
Et boire un coup chez *Fricoteau.*

Ce *Fricoteau* n'est assurément pas le même, ce devait être un gargotier *extra-muros,* comme il y en avait tant avant l'annexion de l'ancienne banlieue, lesquels servaient des mets invraisemblables ; de là, sans doute, l'expression *fricot* pour qualifier un plat dans lequel il y a de tout excepté des choses mangeables.

Rue Richelieu, au commencement du siècle, on rencontrait le *Café Minerve,* il était alors tenu par Charlotte Bourette, surnommée la *Dixième Muse,* la *Muse limonadière ;* de son comptoir, elle adressait des vers aux célébrités de l'époque ; Dorat répondait par d'autres vers.

Rue de Bondy, se trouvait un restaurant célèbre fondé par *Déffieux,* il était à l'angle du faubourg du Temple ; en 1853, il quitta cet endroit pour s'installer porte Saint-Martin, toujours rue de Bondy ; il fut brûlé en 1871, après 133 ans d'existence ; il avait été fondé en 1738.

C'était un restaurant réputé pour nopces et festins ; tous ceux, dans le monde bourgeois,

qui voulaient faire du genre, dînaient chez Def-
fieux.

Au boulevard du Temple, le : *Bœuf à la Proven-
çale* faisait florés, c'était le rendez-vous des
acteurs.

Comme habitué, ce restaurant avait un
buveur célèbre dont les anciens se souviennent,
il se nommait le père Gourri, c'était un marchand de châles retiré des affaires ; sa grande
joie était d'inviter les acteurs des théâtres voisins ; à table, il buvait de 8 à 10 bouteilles sans
sourciller ; quand ses convives étaient gris à
rouler sous la table, il leur disait d'un ton
méprisant :

— Vous n'êtes bons qu'à faire semblant de
boire.

Puis, pour prouver qu'il avait tout son
aplomb, il partait la canne sur l'épaule.

Le *Cadran Bleu*, à l'angle de la rue Charlot et
du boulevard du Temple, fut fondé en 1780 par
Henneveu qui, en 1785, le céda à *Bancelin* ; au
début, ce ne fut qu'un bouchon où l'on vendait
de la bière, *Fanchon la Vielleuse* y chantait les
couplets de Collé et de Piron ; ce n'était qu'une
maisonnette avec des tonnelles.

Ce fut au *Cadran Bleu* que le Directoire secret
de la révolution du 10 août tint sa seconde
séance, laquelle décida du sort de la Monarchie, tout comme soixante-quinze ans plus
tard les puissants du jour décidèrent, dans les
sous-sol du *Café Frontin*, du sort de l'Empire.

A l'autre angle de la rue Charlot se trouvait

le restaurant Bonvalet, du petit père *La Bonv*, comme on l'appelait familièrement ; en 1830, cette maison célèbre n'était qu'un modeste cabaret.

De 1830 à 1870, toutes les illustrations de la littérature et de la politique y passèrent.

Au Deux-Décembre, les députés, protestant contre le coup d'État, s'y réunirent pour rédiger un manifeste.

Sous Louis XV, rue des Jeûneurs, il y avait un cabaret très fréquenté qui portait pour enseigne : *Aux Déjeûneurs* ; vers 1800 ou 1805, les vaudevillistes inventèrent le déjeûner.

Boulevard Bonne-Nouvelle, au nº 5, était l'ancien restaurant fondé par Thierry ; ce fut une maison de premier ordre de 1830 à 1840.

Ce restaurant éteignit ses fourneaux faute de clientèle, la mode avait changé.

Qui se souvient qu'il existait jadis, place Vendôme, dans une propriété qui avait dû appartenir aux religieux Jacobins de la rue Saint-Honoré, un restaurant tenu par Billiotte et Berly ; sous le premier Empire, il eut à soutenir la concurrence que lui faisait le général marquis de Larvoëstine qui avait installé dans les bureaux de l'état-major une table d'hôte citoyenne.

Rue Babille, au nº 3, en 1792, existait le restaurant Moreau ; les plus fougueux apôtres de la Révolution s'y réunissaient, ils affichaient une austérité de mœurs telle qu'ils empêchaient qu'on y jouât aux cartes du vin ou du café, ils préféraient y jouer des têtes, l'enjeu ne se réglait pas au comptoir, mais sur l'échafaud, et c'était Samson qui réglait la consommation !

Vers 1866, disparut la *Taverne Katcombe*, établie rue Neuve-des-Petits-Champs, une des premières qui servit à Paris à la mode anglaise ; pour 1 fr. 50 on y déjeûnait avec du rosbeef et des pommes de terre cuites à l'eau ; le patron, un colosse, avait peine à circuler dans sa petite boutique toujours pleine, en très peu de temps il acquit une grande vogue ; à la mort de Katcombe, la maison disparut.

Rue Bréda, au coin de la rue Clauzel, il y avait, il y a une quinzaine d'années, une petite boutique de marchand de vin de très médiocre apparence, salle commune au rez-de-chaussée, et au premier une espèce de soupente pour les habitués. La clientèle se composait d'hommes de lettres, de journalistes, de peintres, de musiciens ; c'était une réunion pas banale au temps de leur jeunesse ; partant de la disette, on y rencontrait Henry Murger, Th. Pelloquet, Ch. Monselet, Aurélien Scholl, Lemercier de Neuville, Dunan-Mousseux, l'auteur célèbre du fameux prospectus du marchand d'habits du passage du Grand-Cerf ; ce prospectus commençait par cette phrase :

— Enfin ! nous avons fait faillite !

Ce prospectus fit le tour du monde.

Il va sans dire que Dinochaux fit une grosse faillite ; il mourut de chagrin.

En 1867, le gros Blée ouvrit le café de l'Opéra, boulevard des Italiens ; on y servait les soi-disant menus du soi-disant baron Brisse ; la maison dura peu.

Rue Bourbon-Villeneuve, aujourd'hui rue d'Aboukir, existait le restaurant Brébant, il l'abandonna pour aller au boulevard Montmartre.

Ramponneau, à Clignancourt, la *Fileuse* et *Desnoyers,* à Belleville, disparurent tous successivement ; seul *Richefeu,* à Montparnasse, a tenu coup ; mais la splendeur de jadis est loin.

Le *Café Frontin* disparut en 1889 pour faire place à un établissement genre Duval, le *Café Anglais* des tout sur le dos et rien dans l'estomac.

Frontin fut le berceau de la Révolution du 4 septembre ; la plupart de ses fidèles sont ou ont été au pouvoir, c'est la plus belle réponse à faire aux bourgeois qui disent que le café ne mène à rien ; sans les réunions des *Cafés de Madrid,* de *Mulhouse* et *Frontin*, nous n'aurions peut-être pas eu la République !

Le *Café de Mulhouse* était situé boulevard Montmartre, exactement sur l'emplacement du *Musée Grévin ;* en retour, dans le passage Jouffroy, se trouvait *la Cave*, restaurant à prix fixe tenu par Chimène. Léo Lespès affectionnait manger à *la Cave,* et trouvait le moyen, avec son jeton de trente sous, de dépenser quarante francs à son déjeûner en accumulant les suppléments ; un peu plus loin, presqu'à l'angle du faubourg

Montmartre, le *Restaurant Bonnefoy* eut une grande vogue, il déclina peu à peu après la guerre et finalement, vers 1880, il éteignit ses fourneaux ; à l'autre angle était le *Restaurant Brébant*, successeur de *Vachette* ; Paul Brébant fut chanté par Vermesch, comme Vachette l'avait été par Théodore de Banville.

Vermesch disait :

Le garçon souriant, sage et mystérieux
Prêtre en tablier blanc, dans ce temple où l'on dine

Banville, dans ses *Odes Funambulesques*, célébra d'un seul coup About et Vachette :

Le roi du jour, aujourd'hui, c'est About :
C'est lui qu'on veut, lui seul qu'on achète ;
C'est pour lui seul que la marmite bout
Au Café Riche ainsi que chez Vachette.

Le *Restaurant Brébant* eut une vogue considérable ; diverses sociétés s'y réunissaient à époques périodiques : *Les Spartiates, le Bœuf nature, les humeurs de Fiots, les Parisiens, les Rigoberts, les Critiques, les Avaries, les Quatre Saisons, les Prix de Rhum* et une quantité d'autres.

Brébant avait été surnommé le *Restaurateur des Lettres ;* sans cause apparente, la clientèle l'abandonna et il dut se résigner à fermer son établissement au mois d'avril 1888.

Qui se souvient du *Café de Paris*, qui était situé à la gauche de la rue Taitbout ? Peu de personnes ; pourtant ce café fut célèbre par les déjeûners du fameux Mimi-Véron et par les folies de lord Seymour, dont la légende populaire a gardé la mémoire sous le nom de *Milord l'arsouille*.

Faubourg du Temple, il y avait trois restaurants célèbres : *Passoir,* le *Bœuf rouge* et les *Vendanges de Bourgogne.*

Passoir était un restaurant renommé, les amateurs qui venaient à la chasse aux grisettes dans le faubourg, s'offraient, dans les prix doux, à souper dans les cabinets particuliers ; on n'était pas difficile sur la tenue, il n'était pas rare de voir arriver une fillette en cheveux au bras d'un « monsieur » mis avec recherche.

Le Bœuf rouge était une pension d'officiers et d'employés, on y mangeait très bon marché ; la réputation de la maison était le *Bœuf à la mode.*

Les Vendanges de Bourgogne, au coin du faubourg et du canal, furent célèbres à cause des dîners que donnaient le fameux Chicard en compagnie de Milord l'arsouille.

Ces trois maisons cessèrent d'être en vogue à peu de distance l'une de l'autre vers 1870.

En 1788 furent fondés les : *Cafés de Chartres* et *de Valois,* ainsi que le *Restaurant Véry.* Le *Café de Valois* eut pour fondateur Beauvilliers, ancien chef de cuisine du prince de Condé ; il était situé vers le milieu de la galerie de Valois, dans une ancienne loge de francs-maçons ; la salle de réception avait été transformée en salon de quatre-vingts couverts. Beauvilliers, persécuté sous la Terreur, ferma son établissement ; dans les premières années de l'Empire, il se réinstalla rue Montpensier, où se trouve aujourd'hui le passage Potier ; son loyer annuel figure sur les comptes du Palais royal pour la somme de cinq cents livres ; il avait pour clients le comte de Lauraguais, le marquis de Chauvron et toutes les notabilités du parti royaliste.

Le *Café de Chartres* était fréquenté par Berchoux, Murat et Grimod de la Reynière. Il disparut en 1841.

Le *Restaurant Véry* disparut vers 1869.

En 1791, on vit apparaître les : *Frères Provençaux*, galerie de Beaujolais ; dès le début, sa cuisine fut très recherchée, sa cave était de premier ordre ; Musseille Simon et Barthélemy furent les premiers clients de la maison ; à la soirée d'inauguration, on chanta la *Marseillaise*. Il eut pour habitués Bonaparte et Barras qui dînaient côte à côte.

Il en coûtait fort cher, relativement, pour y souper en cabinet particulier, on n'en était pas quitte à moins de deux ou trois louis.

Les *Frères Provençaux* disparurent il y a quelques années.

Près de l'ancien Opéra, se tenait le restaurant italien tenu par Paolo Poggi ; l'on n'y mangeait exclusivement que de la cuisine italienne : ravioli et macaroni.

La *Taverne anglaise* était située au coin de la rue de Richelieu, sur l'emplacement de l'ancien *Frascati*, où furent plus tard les bureaux du *Petit Journal* ; il me souvient que le père Polydore Millaud y avait installé un aquarium.

La taverne avait un jardin pendant l'été, elle n'était pas accessible à tous, car les prix étaient très chers ; ce fut là qu'on servit, pour la première fois à Paris, la viande cuite à la mode anglaise et des légumes cuits à la vapeur.

Sous les arcades de la rue de Rivoli, il y avait un restaurant, *la Poissonnerie anglaise,* très fréquenté par les étrangers ; on n'y servait exclusivement que du poisson accommodé à toutes sauces ; il existe un établissement semblable à Bruxelles.

La Poissonnerie anglaise disparut vers 1850, la mode avait changé.

Au Veau qui tête, était l'enseigne d'un restaurant situé place du Châtelet ; il existe une légende encore vivace chez les vieux Parisiens, on servait aux clients, disent-ils, du bouillon avec une énorme seringue : un cran, un sou ; deux crans, deux sous et ainsi de suite.

Le *Veau qui tête* disparut lors du percement des rues qui avoisinent la place du Châtelet.

Le *Restaurant Dagneau* était situé rue de l'Ancienne-Comédie, il fut célèbre longtemps ; ce fut là que M. Lepère, ancien Ministre, composa la chanson célèbre : *Le Vieux quartier Latin :* Dagneau disparut il y a quelques années ; la boutique est occupée par un tapissier.

Le *Café Belge*, rue Dauphine, dans lequel se réunissaient beaucoup d'hommes de lettres célèbres aujourd'hui, eut une grande vogue sous l'Empire ; il disparut après 1870.

De ce côté de l'eau, rue de la Harpe, on ne

trouve plus trace du *Restaurant Janodel*, le rendez-vous des étudiants riches, qui chaque soir y venaient souper ; les cocottes de la rive droite ne dédaignaient pas de passer les ponts pour tenir compagnie à ces messieurs, certaines d'avoir le souper, un bon gîte et le reste ; cette maison cessa d'exister à la transformation de ce quartier.

Dans la rue Dauphine également, se trouvait *la rôtisseuse*, c'était l'endroit le plus joyeux de Paris ; au début, c'est de là que lui venait son titre, on y vendait des volailles à la portion à consommer sur place et à emporter ; peu à peu, devant l'affluence de la clientèle, l'établissement s'agrandit et acquit promptement une grande vogue ; beaucoup de magistrats, des ministres, des avocats célèbres y vécurent en compagnie des étudiantes folichonnes.

La rôtisseuse mourut on ne sait pourquoi...

Le Moulin Rouge, qui était avenue d'Antin, fut créé par Amand à la place qu'occupait le *Bal Mabille ;* le bail du terrain avait été signé par Madame de Pompadour ; il eut Bardoux pour successeur, on y soupait joyeusement, c'était le rendez-vous des gens du monde ; il disparut vers la fin de l'Empire.

A la place où se trouve aujourd'hui le : *Restaurant Édouard,* place Boïeldieu, se trouvait une maison surnommée : *la Perdrix aux choux ;* Latour Saint-Ybars, trouvant ce titre trop prosaïque, le changea en celui de *la Perdrix amoureuse.* On y rencontrait Jules Norioc, Henry

Murger, Henry Monnier, Pierre Dupont, Gustave Mathieu, Charles Monselet, Meissonier, Guichardet, Chenavard, Théodore de Banville, Ponsard, Latour Saint-Ybars et le fameux Calino.

La Perdrix amoureuse disparut en 1857.

Le *Rendez-vous des Briars* était situé cours de Vincennes ; parmi les célébrités qui s'y rencontraient étaient : Paulowski, Léon Gozlan, Roger, Courbier, Monzegué, Alexandre Dumas père, Auguste Luchet, Auguste Ricard, Félix Pyat, Émile de Girardin, Léon Mangin, Bréant, Alphonse Karr et Maurice Alhoy.

La chaumière où était le *Rendez-vous des Briars* fut remplacée, en 1865, par une maison à gros numéro.

La plupart de ces maisons disparurent à la suite de mauvaises affaires, résultat de trop de confiance en la clientèle, partant de trop de crédit ; c'est que le : *C'est pour moi* joua un très grand rôle

Nigaud, un nom prédestiné, qui fut le prédécesseur des Bignon au *Café Foy*, en sut quelque chose.

Il avait pour client Bouffé le mastodonte, alors directeur du Vaudeville ; Bouffé était un gueulard de premier ordre, il absorbait des quantités énormes de champagne, et lorsqu'il s'agissait de régler l'addition, majestueusement il disait au garçon : *C'est pour moi !*

Nigaud, timidement, demandait parfois à Bouffé de régler ses notes, les affaires vont si mal, lui disait-il, vous qui êtes un ami, vous ne me laisserez pas dans l'embarras.

— Vous ne connaissez pas votre métier, répondait Bouffé ; votre maison ne prospère pas parce que vous ne faites pas de publicité ; songez donc, ajoutait-il, la presse est une puissance ; rendez-vous la favorable et elle portera votre renommée aux quatre coins du monde ; marchez avec le siècle.

— Que faut-il faire ?

— Frappez un coup retentissant, conviez à votre table les plus grands journalistes de Paris.

— Très bien, mais où demeurent les gens d'esprit dont vous me parlez ? (le Tout Paris n'était pas inventé.)

— Comme directeur de théâtre, je les connais tous ; chargez-vous de la table, moi je me charge des invités.

Nigaud renfonça sa note dans sa poche et s'écria :

— Vous me rendez, cher Monsieur Bouffé, un immense service.

Quelques jours plus tard, à minuit, après le spectacle, un magnifique couvert était dressé dans le grand salon du *Café Foy,* le menu comportait toutes les primeurs de la saison, la cave avait été mise au pillage pour cette réunion solennelle ; Bouffé présidait ; comme convives il y avait des acteurs de différents théâtres, des boursiers véreux, des faméliques ramassés au hasard.

Nigaud n'avait pas voulu confier à son maître

d'hôtel le soin de servir d'aussi illustres convives ; il allait, venait, gourmandait les garçons, bref, le souper fut admirable ; il y en eut qui mangèrent pour huit jours, et d'autres qui burent comme des éponges.

Au dessert, on porta des toasts à Nigaud, on trinqua à sa prospérité.

Vers cinq heures du matin, les convives se séparèrent, Nigaud avait poussé la générosité jusqu'à louer des fiacres pour reconduire ses invités.

Le lendemain, Nigaud se leva à cinq heures du matin, alla aux halles acheter les choses les plus fines, il embaucha un chef en renom et attendit l'heure à laquelle paraissaient les journaux ; il courut les acheter, rien, pas un mot du souper de la veille ; le surlendemain et jours suivants, même anxiété et même déception, rien, toujours rien !

Il interpella Bouffé assez durement.

— Comment, lui répondit-il, ce grand maigre à cheveux ras, imberbe, était Théophile Gautier ; ce gros court, barbu, était Émile de Girardin ; celui qui portait une longue moustache blonde était Alexandre Dumas, ce petit vieux cassé était Nestor Roqueplan ; celui qui avait la voix si harmonieuse et était si bien élevé était de Villemessant ; le gros réjoui à nez culotté qui chantait la gaudriole était Lamartine ; le colosse à épaules si larges était Eugène Sūe ; celui dont vous admiriez la fraîcheur et la santé si saine et si florissante était le Docteur

Véron, vous n'êtes pas content que j'aie appris à d'aussi illustres personnages le chemin de votre maison ?

— Mais ils ne m'ont pas fait un article et ne reviennent pas !

— On ne juge pas une pièce sur une seule représentation, dit sentencieusement Bouffé, recommencez.

— Alors je n'ai plus qu'à faire faillite ; voici votre note, acquittez-la.

— Jamais de la vie, donnez-la à votre syndic et dites-lui que *c'est pour moi !*

Les Gobelins étaient remplis de cabarets en renom, de jardins et de guinguettes ; c'était, pour ainsi dire, le quartier des Porcherons de la rive gauche.

On désignait sous le nom de *Gobelins* tous les champs et les marais que traversait la petite rivière de la Bièvre, et qui n'étaient pas encore divisés par rues (1650), selon le bibliophile Jacob ; *Larousse* dit que le nom de *Gobelin* (sans *s*) vient de ce qu'une famille de teinturiers de Reims, qui portait ce nom, vint à Paris et y fonda la célèbre manufacture des tapisseries ; quoi qu'il en soit, François Colletet, en 1665, dans *les Tracas de Paris,* parle ainsi des Gobe-lins :

. . . .

Enfin, voicy les Gobelins,
Où régnent les excellents vins
Et les bieres delicieuses,
Pour les beuveurs et les beuveuses,
Car il est des femmes aussi,

Qui viennent s'égayer icy.
Regarde que de lieux à boire,
Et comme icy chacun fait gloire
De s'enyvrer gaillardement,
Et de se saouler noblement !
Icy sont petits corps de garde
Pour y rire avec la gaillarde ;
Là sont les petits lieux d'honneur,
Ou va tout le bourgeois beuveur.
Les cabarets d'ou l'on ne bouge,
C'est celuy de la *Rose rouge*
Du *Lion d'or*, du *Mouton blanc*,
Du *Dauphin*, ou le vin est franc,
Du *Juste*, ou flamans et flamandes,
Allemans avec Allemandes,
Et plusieurs autres estrangers,
S'embarquent sans aucuns dangers :
Icy l'on trouve toutes choses,
Et tout y flaire comme roses,
Les andouilles, les cervelas,
Les poulets et les chapons gras,
Les grillades et les saucisses,
Dont le palais craint les épices,
Car, mettant le palais en feu,
On ne sçaurait boire pour peu.
. . . .
Cependant beuvons je te prie,
Ce vin me redonne la vie,
Et depuis que j'en ay gouté,
Je suis en meilleure santé.
Cependant, afin de mieux boire
Et de mieux branler la mâchoire,
Moy-mesme je m'en vais là-bas
Faire choix de quelques bons plats ;
Je sçay comme l'on s'accomode,
Et quelle est d'icy la méthode :
Quand le marché d'abord est fait,
On n'a plus l'esprit inquiet,
Et l'on ne craint plus à sa honte,

Que trop haut un écot ne monte.
Boy donc, cependant j'iray,
Et bientost je retourneray.

Le Café Riche. — Vers 1780, les eaux des hauteurs de Ménilmontant et de Montmartre circulaient à travers les rues, formant des marais, des cloaques, des étangs ; elles traversaient les rues Cadet et Grange-Batelière, passaient au coin de la rue Lepelletier pour aboutir rue Basse-du-Rempart, là était le point *terminus*.

Voltaire raconte dans sa correspondance qu'ayant soupé chez la Guimard, en 1772, elle lui fit manger des poules d'eau tuées dans la journée sur l'étang de la rue Grange-Batelière.

En 1791, les marais s'étaient desséchés dans la portion de la rue Grange-Batelière à la rue Basse-du-Rempart, et, rapidement, des constructions s'élevèrent sur les terrains conquis ; une des premières fut occupée par une hôtellerie qui acquit promptement une grande renommée, elle était assiduement fréquentée par les grands personnages qui affectionnaient le quartier de la Grange-Batelière.

Le *Café Hardy* était son concurrent ; sous le Directoire, sur les vitres des meilleurs cafés on lisait cette inscription : *Riz au lait, riz au gras ;* Hardy imagina d'ajouter à cette indication : *et déjeuner à la fourchette.* C'étaient des déjeuners froids ; l'exemple fut suivi par les limonadiers qui, insensiblement, se firent restaurateurs et servirent des déjeuners complets.

Hardy se coupa le cou rue Laffitte.

L'hôtellerie célèbre se transforma en café qui devint le *Café Riche*. Vers la fin du règne de Louis-Philippe, il absorba le *Café Hardy*.

Le *Café Riche* est une brasserie !

Tortoni, après quatre-vingt-dix ans d'existence (1804), ferma ses portes en 1894.

Ce n'était pas un café ordinaire. Sous le second Empire, les généraux et les maréchaux avaient adopté la maison. Avant d'aller moissonner des lauriers en Crimée et en Italie, ils y venaient déjeuner ou dîner ; au travers de la fumée du Bourgogne, ils voyaient la victoire, et plus d'un, sur le champ de bataille, songeaient qu'il valait mieux affronter le feu des fourneaux de *Tortoni* que celui de l'ennemi.

Le défaut d'espace ne me permet pas de m'étendre sur le *Café Tabourey,* le *Café Procope,* la *Rotonde* et plusieurs autres célèbres à différents titres.

Les Prisons.

La plus ancienne prison de Paris fut la prison de *Glaucin*, elle existait, sur l'emplacement du quai aux Fleurs, sous la domination romaine ; l'auteur des : *Gestes du roi Dagobert* la mentionne ainsi : *Carcer Glaucini*.

Rien n'est venu jusqu'à nous concernant cette antique prison, ni Dulaure, ni le bibliophile Jacob, ni Heusey ne sont certains qu'elle ait existé sur l'emplacement du quai aux Fleurs, pourtant il y a une raison pour croire qu'il y avait une prison à cet endroit, le voisinage des deux églises Saint-Denis de la *Chartre* et Saint-Symphorien de la *Chartre* fournit un indice, le mot *Chartre* signifiant prison.

La Bastille. — Cette prison fut construite en 1369, sur l'ordre de Charles V, sur l'emplacement d'une porte qu'avait fait élever le prévôt des marchands Étienne Marcel.

Cette prison-forteresse présentait, en regard du boulevard, quatre grosses tours réunies par d'épaisses courtines ; entre les deux tours placées au milieu de cette façade, s'ouvrait une porte armée de herses, d'assommoirs, de machicoulis et de meurtrières, devant laquelle s'abaissait un pont-levis sur un fossé large et profond ; la façade opposée, située vers l'est, offrait également quatre tours, les deux façades se liaient par les courtines du nord et du sud qui n'étaient flanquées d'aucune tour.

Au milieu de la forteresse régnait une vaste cour que remplissaient les bâtiments de service.

La *Tour du coin* était la plus rapprochée de la porte Saint-Antoine, les autres tours se nommaient : *de la Chapelle*, du *Trésor*, de la *Comté*, du *Puits*, de la *Liberté*, de la *Bertaudière*, de la *Basinière*.

Le 12 juillet 1789 commença la Révolution, le marquis de Launay était alors gouverneur de la Bastille ; à cette nouvelle, il fit prendre les armes à ses hommes, prévoyant une attaque ; il avait 114 hommes sous ses ordres !

Le peuple assiégea la Bastille qui fut bientôt prise ; il y eut 83 tués, 15 blessés moururent des suites de leurs blessures ; il y eut en outre 73 blessés.

Les prisonniers furent délivrés.

Voici un ordre d'écrou et un ordre d'élargissement d'après les originaux conservés à la Bibliothèque Mazarine.

Mons d'Abbadie, envoyant en mon château de la Bastille le s* de Larnage, major du rég* d'inf* de Rohan-Rochefort, je vous fais cette lettre pour vous dire que mon intention est que vous ayez à l'y recevoir et retenir en toute seûreté, jusques à nouvel ordre de moy. Et la presente n'estant pour autre fin, je prie Dieu, Mons. d'Abbadie, qu'il vous ait en sa s* garde. Écrit à Versailles le 4 février 1759.*

LOUIS.

Mons. d'Abbadie, ayant bien voulu accorder la liberté au sieur de Larnage, major du Régiment Rohan-Rochefort détenu par mes ordres, en mon château de la Bastille, je vous fais cette lettre pour vous dire que mon intention est qu'aussitôt qu'elle vous aura été remise vous aiez à faire mettre ledit s^r de Larnage en pleine et entière liberté. Et la presente n'estant pour une autre fin, je prie Dieu qu'il vous ait, Mons. d'Abbadie, en sa s^{te} garde. Écrit à Versailles le 26 aoust 1759.

LOUIS.

L'histoire de la Bastille a été trop de fois écrite pour qu'il soit utile de la recommencer.

La Bastille fut démolie le 14 juillet 1789.

En 1790, la destruction avait été si rapide qu'il ne restait plus que des ruines sur la place.

Les passants qui viennent sur la place de la Bastille soit par le boulevard Beaumarchais, soit par la rue ou le faubourg Saint-Antoine, peuvent remarquer un cordon de pierres en granit, encastré entre les pavés, qui marque l'emplacement occupé par cette sinistre prison d'Etat qui fut le témoin muet de tant de crimes et d'actes arbitraires commis pendant plusieurs siècles par le despotisme des rois et de leurs ministres.

On peut voir encore, aujourd'hui, dans la cour d'une maison, au n° 2 de la rue de Lesdiguières, un mur de la Bastille ; il porte des inscriptions, sans doute des pensées des prisonniers, mais on ne peut les déchiffrer, le temps a rongé la pierre.

La prison du Temple. — Page 34, il est parlé du *Square du Temple* qui a été édifié sur l'emplacement de l'ancienne forteresse.

Cette forteresse était une tour carrée de cent cinquante pieds de hauteur, flanquée de quatre tours rondes et accompagnées, du côté nord, de deux tourelles beaucoup plus basses.

La tour avait quatre étages, des galeries circulaires, et les murs avaient neuf pieds d'épaisseur.

Les Templiers, ou *Chevaliers du Temple*, ordre militaire et religieux fondé en 1118, y avaient leur résidence ; Philippe le Bel, voulant s'emparer de leurs immenses richesses et détruire leur puissance, fit arrêter Jacques Molay, grand maître de l'ordre, et tous les chevaliers. Après un procès pour la forme, ils furent brûlés vifs.

Les prisonniers les plus célèbres qui furent détenus à la prison du Temple, furent Louis XVI, Marie-Antoinette et le général Pichegru qui s'étrangla dans son cachot.

La Tour du Temple fut démolie en 1811, mais les bâtiments qui avaient été transformés en couvent subsistèrent ; à la Révolution de 1848, ils servirent de caserne à la garde de Caussidière.

La Prison de l'Abbaye. — A l'extrémité de la rue Sainte-Marguerite, rue habitée par des fripiers, comme toutes celles qui enserraient la vieille église Saint-Germain-des-Prés ; avant le percement du boulevard Saint-Germain et de la place, les regards des passants étaient frappés par l'aspect d'une haute et sombre muraille percée d'étroites fenêtres garnies d'épais barreaux, c'était la fameuse prison de l'Abbaye, construite en 1635 par l'architecte Gamard : c'était la prison de la justice du seigneur abbé de Saint-Germain.

On connait les scènes sanglantes dont cette prison fut le théâtre pendant les massacres de septembre et la célèbre légende du verre de sang que les massacreurs forcèrent Mademoiselle de Sombreuil à boire.

Les terrains domaniaux de l'abbaye furent vendus comme bien nationaux, la rue de l'Abbaye fut ouverte sur l'emplacement des jardins.

Ce qui restait de la prison disparut en 1854.

La Force. — En 1265, le frère de Saint Louis, Charles d'Anjou, qui devint plus tard roi de Naples et de Sicile, donna son nom à la rue du Roi de Sicile parce qu'il y habitait un palais ; en 1292, il passa aux mains de Charles de Valois et des comtes d'Alençon ; le 26 mai 1390, le roi Charles VI accepta le palais en présent de Pierre d'Alençon ; après la mort du roi Charles VI, les rois de Navarre en devinrent propriétaires, et plus tard il appartint à la famille des comtes de Tancarville ; en 1553, le cardinal de Meudon fit démolir le palais pour le faire reconstruire sur de nouveaux plans, il fut achevé par le chancelier de Birague ; en

1583, l'hôtel qui remplaçait le palais fut acheté par Antoine de Roquelaure qui le revendit à François d'Orléans de Longueville, comte de Saint-Paul ; le comte de Chavigny en devint possesseur et en fit cadeau à sa fille lorsqu'elle épousa le duc de *Caumont la Force.*

Sous la fin du règne de Louis XIV, l'*Hôtel de la Force* fut divisé en deux parties, la plus petite prit le nom d'*Hôtel de Brienne.*

Ces deux hôtels eurent divers propriétaires de 1700 à 1754. A cette époque, M. d'Argenson l'acheta au nom du Gouvernement pour y établir une école militaire ; ce projet ne fut pas mis à exécution, mais plus tard on y établit le bureau des *Saisies réelles* et des *Vingtièmes,* puis la *Ferme des Cartes.*

Louis XVI, trouvant que les prisons du *Fort-l'Évêque* et du *Petit-Châtelet* étaient trop malsaines, acheta, le 23 août 1780, l'*Hôtel de Brienne,* et, par ordonnance royale du 30 août 1780, les deux hôtels réunis furent érigés en prison. L'*Hôtel de la Grande Force* avait son entrée principale rue du Roi-de-Sicile, n° 2 ; l'*Hôtel de Brienne,* qui prit le nom de la *Petite Force,* avait son entrée rue Pavée ; cette entrée ne servait que pour les *paniers à salade* qui amenaient les prisonniers, et pour le ravitaillement de la prison.

Aussitôt que Louis XVI eut rendu son ordonnance, les travaux commencèrent pour transformer l'hôtel en prison, et ce ne fut que le 10 janvier 1782 qu'on commença la translation des prisonniers ; elle fut terminée le 19.

Jusque-là, les prisonniers détenus dans les prisons de la Seine étaient soumis aux caprices des geôliers et des concierges ; le 19 février 1782, le roi édita un règlement qui, sans être parfait, améliorait considérablement le sort des détenus et réglait les devoirs de chacun, prisonniers et gardiens.

La prison se divisait en huit cours et six départements.

Le premier était destiné aux employés, le second aux détenus pour n'avoir pas payé *les mois de nourrices* de leurs enfants ; le troisième devait renfermer les détenus civils de toutes catégories ; le quatrième, les prisonniers de police ; le cinquième, les femmes publiques, et le sixième les mendiants.

Chaque département était séparé par une solide cloison, mais communiquaient entre eux par des portes munies de guichets gardés par des surveillants spéciaux.

Chaque chambre avait quatre lits ; dans le département de la dette, les chambres avaient des cheminées ; ces chambres étaient payantes. Les personnes trop pauvres pour les payer couchaient dans d'immenses dortoirs, sur des lits composés d'un matelas, d'un traversin et d'une couverture. Ces lits se relevaient pendant le jour.

Chaque département avait sa galerie couverte ; dans chaque galerie il y avait une fontaine. Ces galeries servaient de promenoirs pendant l'hiver et les jours de pluie. Il existait en outre un chauffoir commun pour les détenus pauvres, et enfin deux chapelles.

La *cour Charlemagne* était l'ancienne *cour de la dette*. C'était la seule possédant un petit jardin fermé par un grillage en bois ; la *cour de la Madeleine* était l'ancienne *cour des femmes*.

La *cour Sainte-Anne* était affectée aux prévenues ; la *cour de la Providence*, où fut détenue la princesse de Lamballe, avait une fenêtre grillée donnant sur la rue Pavée, elle existe encore aujourd'hui. La *cour Sainte-Marie*, surnommée *cour des Mômes*, était destinée aux enfants. La plus vaste salle était le *grand César*, elle eut pour prévôt, pendant très longtemps, le célèbre Hurand, le roi des *charrieurs*, l'inventeur du *vol à l'Américaine* qui a été depuis admirablement perfectionné, et l'illustre Corberon, l'inventeur du *Birlibibi*, que nous appelons aujourd'hui le *bonneteau*.

A l'origine, et pendant très longtemps, une certaine partie des détenus ne couchait pas dans des lits ; ils couchaient dans des espèces de niches pratiquées dans la muraille ; une botte de paille, renouvelée chaque semaine, leur servait de literie. On les nommait *les pailleux*. En *1844* il y en avait encore.

L'infirmerie était autrefois la salle de spectacle ; le salon d'attente qui, aux beaux jours de l'*Hôtel de la Force*, était réservé aux grands personnages, était devenu la salle des galeux.

La *cour Saint-Bernard* avait été baptisée par

les détenus *la fosse aux lions.* Impossible de rien imaginer de plus sinistre que cette cour. Elle était enclavée dans un chemin de ronde et était réservée aux prisonniers réputés pour être dangereux. On y trouvait la fine fleur de la haute pègre, les *chevaux de retour,* les *buteurs, chouri-neurs,* toute la crème des assassins ; la *fosse aux lions* formait un vaste quadrilatère fermé par de hautes murailles blanches percées de fenêtres grillées. Sur les murs étaient inscrits ces mots : *Mort aux recoqueurs.* Au-dessous, deux poignards grossièrement dessinés, et le classique *monsei-gneur* entouré des *coins* à *fric-frac* (outils pour voler avec effraction). Au sommet de l'un des angles, qui correspondait aux autres cours, s'élevait une pile carrée en maçonnerie qu'on nommait l'*as de carreau ;* elle avait pour but d'empêcher que les détenus ne s'évadent en gravissant l'angle à l'aide des coudes et des talons, comme cela se pratiquait dans certaines prisons. A l'un des bouts de la cour se trouvait une étroite porte guichet ; à l'autre bout une grande salle dallée ; au milieu, un calorifère entouré de bancs de bois. Les prévenus ne por-taient pas de costume, ce qui donnait à l'ensem-ble un aspect des plus curieux. Pour faire la police de la salle, un des voleurs les plus redou-tés était choisi ; on le nommait le prévôt.

L'aspect de la *Force* était des plus tristes, les rues qui y donnaient accès étaient plus tristes encore, les bâtiments formaient une masse compacte, sans harmonie, cela tenait à ce que depuis 1780 de nouveaux bâtiments avaient été ajoutés pour les besoins du service, sans souci de garder à l'hôtel son cachet primitif.

Les bâtiments étaient hauts de trois étages ; sur quatre fenêtres de façade, deux fenêtres seulement étaient grillées, les autres étaient fermées par des planchers en forme de hottes, de façon à ce que le détenu ne vit que la lumière du ciel ; la porte du milieu était solidement grillée et précédée d'une voûte.

A la prison de *la Force,* le travail n'était pas obligatoire ; néanmoins, il y avait quelques ateliers où les prévenus travaillaient pour des entrepreneurs afin de gagner quelques sous pour améliorer leur situation.

Le tabac était rigoureusement défendu.

Une ordonnance du 17 décembre 1840 prescrivit la construction d'une nouvelle prison, boulevard Mazas, pour remplacer *la Force ;* en 1845, *la Force* contenait encore 562 prisonniers.

La Force fut démolie en 1850, et la rue Malher a été construite sur l'emplacement qu'elle occupait ; on voit encore, dans les caves d'un charbonnier, les vestiges de l'ancien hôtel.

Les Madelonnettes. — En 1866, pour le percement de la rue Turbigo, cette prison, située rue des Fontaines, n° 12, fut démolie.

Cette prison était autrefois le couvent de la Madeleine.

En 1618, Robert Montré, suivant les uns, Robert de Montrey, suivant les autres, riche marchand de vins de Paris, rencontra deux filles publiques qui lui témoignèrent le désir de quitter leur vie de honte et de scandale pour mener une vie régulière ; il leur donna asile dans sa maison, près du carrefour de la Croix-Rouge.

Il parla de ce fait à trois personnes bienfaisantes, au curé de Saint-Nicolas-des-Champs, à un capucin et à un officier des gardes du roi ; la marquise de Maignelay, sœur du cardinal de Gondi, se joignit à eux ; elle acheta, en 1620, le couvent de la Madeleine, rue des Fontaines, et légua, pour l'entretien des filles repenties, la somme de 101,600 livres.

Le couvent fut supprimé en 1790 et devint propriété nationale ; naturellement, en 1793, il fut converti en prison pour les femmes prévenues ; cette destination lui fut conservée jusqu'en 1830.

Parmi les religieuses célèbres qui prirent le voile dans cette maison, se trouvaient les deux demoiselles de Brancas qui y moururent en 1697.

Lorsque les ouvriers terrassiers fouillèrent le sol, ils déterrèrent deux cercueils de plomb parfaitement conservés.

L'un d'eux ne portait ni emblèmes ni caractères gravés ; sur l'autre on lisait très distinctement l'inscription suivante :

Ici est le corps de très haute et puissante dame, Madame Suzanne Garnier, veuve de très haut et très puissant seigneur Messire Charles de Brancas, comte de Villars, chevalier d'honneur de la feue reine, mère du roi Louis XIV, lieutenant général des camps et armées de Sa Majesté. Au jour de son décès, âgé de LIX ans IX mois, décédée le 11ᵉ jour de novembre 1685, à 8 heures du soir. *Requiescat in pace.*

Charles de Brancas, comte de Villars, marquis de Maubecq et d'Arpilly, chevalier d'honneur de la reine Anne d'Autriche et lieutenant général des armées du roi, appartenait à cette illustre Maison de Brancas, originaire de la terre de Naples, et dont le premier ancêtre, Brancassius, patricien de la plus haute naissance, fut, au dire d'Alain Marquesius, baptisé par Saint Pierre.

Il était fils de Georges de Brancas, duc de Villars et baron d'Oise, et de Julienne d'Estrées.

Cette prison avait un aspect aussi triste à l'intérieur qu'à l'extérieur. La rue des Fontaines était une rue étroite, un ruisseau coulait dans le milieu ; les eaux sales, grasses, puantes, se répandaient dans les interstices des pavés et formaient des cloaques fétides.

On entrait dans la prison par une porte massive, en chêne, solidement soutenue par deux énormes piliers en pierre de taille, la porte cochère était en retrait de la rue et formait une sorte de quart de cercle. De chaque côté, il y avait deux bancs de pierre sur lesquels s'asseyaient les pauvres ou les amis des prisonniers, les jours consacrés à la visite.

La grande porte ne s'ouvrait que pour laisser passer le *panier à salade ;* à gauche se trouvait une porte basse munie d'un judas et derrière laquelle se tenait un guichetier.

Une fois cette porte franchie, on se trouvait

dans la cour des prévenus, la seule pavée ; elle était encadrée sur toutes les faces par des bâtiments élevés qui portaient leur caractère d'origine, le XVIIe siècle ; les pierres de taille se détachaient sur un fond de briques brunies et écaillées par le temps. L'encadrement était complété par un mur de vingt pieds de hauteur.

Au rez-de-chaussée du bâtiment, mais de deux côtés seulement, régnaient des arcades semblables à celles de la place Royale, où les prisonniers se réfugiaient quand il pleuvait.

Le milieu de la cour était occupé par une fontaine à réservoir supérieur, dont l'eau retombait dans une vaste vasque. Autour de cette fontaine, quelques maigres arbustes, jaunes, étiques, végétaient misérablement.

La prison en elle-même n'avait rien de remarquable, mais les souterrains, qui avaient été transformés en caves, présentaient un aspect étrange, épouvantable.

Ils se trouvaient à gauche de la prison ; une petite grille, faite de gros barreaux de fer carré, y donnait accès ; on descendait cinq marches seulement, mais le sol était très en pente ; un couloir sombre, d'une longueur de cinquante mètres environ, y conduisait ; au bout, la hauteur du souterrain était de dix mètres environ.

Ce souterrain servait de lieu de sépulture pour les religieux ; en 1860, on en retira plus de cinquante tombereaux d'ossements.

Les *Madelonnettes* virent, sous la Révolution, défiler un grand nombre de détenus de marque.

XII

Les Cimetières.

Au seizième siècle, les soixante-dix églises ou chapelles, dont le nom figure dans les : *Moustiers de Paris*, bien que possédant chacune un cimetière particulier et des cryptes intérieures, ne pouvaient suffire à l'inhumation des morts.

Plus tard, c'est-à-dire un demi-siècle avant le premier transport des ossements aux catacombes, qui eut lieu en 1785, Paris comptait quatre abbayes d'hommes, quarante-deux couvents de femmes, douze séminaires, neuf abbayes de filles, quarante-quatre couvents de filles, quinze communautés et environ cinquante paroisses, dix églises paroissiales, quatre-vingts chapelles, vingt chapitres, qui, tous ou presque tous, recevaient des corps morts. Indépendamment de tant de lieux de sépultures, quinze cimetières étaient ouverts au public.

Le cimetière *Saint-André-des-Arts*, dépendait de l'Eglise de ce nom. Elevé vers 1212, sur l'emplacement d'un oratoire dédié à Saint Andéol ou Andiol, disaient les uns, d'autres affirment qu'il fut ouvert, en 1356, sur l'emplacement du couvent des *Sachettes*, religieuses ainsi appelées parce que leur vêtement avait la forme d'un sac.

Ce cimetière fut fermé en 1790, les ossements

furent exhumés et transportés aux catacombes, le 27 janvier de la même année.

Le cimetière *Saint-Benoit* était divisé en deux parties : l'une se trouvait au Fromentel, et l'autre tenait à l'église. Au commencement du xviie siècle, il fut transféré derrière le collège royal et fut fermé en 1812, les ossements furent transportés aux catacombes sous l'inscription : Janvier 1813. Saint-Victor, auteur du : *Tableau historique de Paris*, nous parle, à propos du cimetière *Saint-Benoit*, d'un vaste cimetière qui occupait alors la place de Cambrai, il était connu sous le nom de cimetière de *Cambrai*, des *Acacias* ou du *Corps de garde*.

Ces noms rappelaient un souvenir, le premier, l'hôtel de l'évêque de Cambrai, transformé depuis en collège, le second, un immense acacia qui avait ombragé le jardin de cette habitation, et le troisième, un joyeux corps de garde.

Lorsque ce cimetière fut supprimé, les terrains furent vendus et un autre cimetière fut ouvert, lequel s'appela définitivement : *Saint-Benoit*.

Le cimetière de *la Charité* était situé rue des Saints-Pères, à peu près à l'angle du boulevard Saint-Germain, il était particulièrement affecté aux morts de l'hôpital qui était en face, et aux frères de Saint-Jean-de-Dieu qui le desservaient.

Le cimetière des *Innocents* était connu sous le

nom de *Champeaux*. Il était situé à l'endroit où se trouve le square de la fontaine des Innocents. Le cimetière était clos de murs, autour, se trouvaient les charniers, sentant la pourriture à plein nez; là, étaient réunis les ossements recueillis dans les autres cimetières. Ces charniers, devenus trop étroits, disparurent pour faire place aux Halles.

Le cimetière de *la Pitié* fut fondé par Louis XIII, dans la rue Saint-Victor, pour les mendiants et les capucins. Dans ce cimetière on enterrait les enfants qu'on élevait et qu'on nourrissait dans la maison de secours qui y attenait.

Le cimetière *Saint-Etienne-du-Mont* était l'un des plus anciens de Paris, car ce fut sur les coteaux de Sainte-Geneviève que les premiers habitants de *Parisiis* ensevelirent leurs morts.

En 1221, Saint-Etienne-du-Mont étant devenue une paroisse distincte de celle de Sainte-Geneviève, le cimetière leur fut acquis; en 1888, en faisant des fouilles on mit à jour des sarcophages qui prouvent que plusieurs générations de morts avaient été superposées.

Le cimetière de *la Trinité* est confondu dans beaucoup d'auteurs avec le cimetière *Saint-Sauveur* qui était placé dans la rue Saint-Spire, tandis que l'autre était situé à l'entrée des rues Saint-Denis et Greneta, emplacement sur lequel en 1202 fut fondé l'hôpital de la Trinité.

Le boulevard de Sébastopol a absorbé une partie des terrains de ce cimetière.

Le cimetière *Saint-Nicolas-des-Champs* était

situé au coin de la rue Chapon et près du monastère Saint-Martin. Là, s'élevait un enclos qui portait le nom de cours *Saint-Martin*, on y ensevelissait les morts de la paroisse. Le cimetière était banal, sans clôture, on y enterrait à tout moment, et souvent de grands tumultes résultaient de ces enterrements fréquents.

Les religieuses du monastère Saint-Martin prièrent les prêtres de Saint-Nicolas de demander à l'archevêque de Paris, Guillaume de Seigneulaie, la translation du cimetière ; elle eut lieu en 1220, dans un terrain que les moines abandonnèrent. Ce cimetière était assurément placé à l'endroit où fut construit, dans les premières années de l'empire, le marché Saint-Martin, lequel disparut lui-même en 1884, pour faire place à l'Ecole Centrale.

Le cimetière *Saint-Nicolas-du-Chardonnet* était situé rue des Bernardins et voisin de celui de Saint-Etienne-du-Mont, on n'en trouve trace nulle part, mais son origine est certainement des plus anciennes.

Le cimetière *Saint-Roch* était divisé en deux, l'un se trouvait derrière l'église de ce nom ; on construisit deux chapelles sur une grande partie de son terrain. Vers le milieu du dix-huitième siècle, l'accroissement de la population devenant considérable, on fut forcé de créer le second sur un terrain qui séparait la porte Gaillon de la barrière des Porcherons.

Ce cimetière avait une grande importance, car les Porcherons étaient situés rue Saint-Lazare ; ce que nous nommons aujourd'hui la Chaussée d'Antin.

Le cimetière de la *Ville l'Evesque* s'est appelé aussi de *la Madeleine*. Il occupait l'emplacement de quelques-unes des maisons de la rue d'Anjou Saint-Honoré. Dans ce cimetière furent enseveli les victimes de la catastrophe du 31 mai 1770, y furent inhumé également les victimes du 10 août 1792.

> Tous ces morts ont vécu, toi qui vis, tu mourras,
> L'instant fatal approche et tu n'y pense pas.

Ces deux vers, dûs à l'imagination du fameux imprimeur Vitré, marguillier de *Saint-Honoré* ornaient la porte du cimetière de ce nom.

Son origine est tellement ancienne qu'elle donna lieu, à différentes époques, à des discussions entre les chroniqueurs qui ont écrit sur Paris.

Ce cimetière était partagé en deux parties par des grilles de fer, du côté de la rue de la Parcheminerie.

Le cimetière de l'*Hôtel-Dieu* se nommait également de *Clamart*, il était situé dans le faubourg Saint-Victor. Ce nom lui provenait parce qu'il avait été établi sur un terrain dans le milieu duquel était une grande croix qui portait le nom de Clamart.

On y enterrait les malades décédés à l'Hôtel-Dieu quand les familles étaient trop pauvres pour les faire enterrer au cimetière des Innocents.

Sur l'emplacement de ce cimetière ont été élevées des salles de dissections.

Le cimetière *Saint-Eustache* était primitivement rue du Bouloi, probablement sur l'emplacement occupé par la cour des fermes. Le chancelier Seguier, dont l'hôtel était voisin, ennuyé de ce voisinage funèbre, se fit **céder** l'emplacement du cimetière par les marguilliers de Saint-Eustache; l'archevêque de Paris, avant d'autoriser cette transaction, mit quinze ans de réflexion; la convention par laquelle en échange, le chancelier donnait une somme d'argent et un terrain rue Montmartre, ne reçut son exécution qu'en 1540; alors une chapelle fut élevée rue Montmartre, dédiée à saint Joseph, et le cimetière Saint-Eustache fut transféré autour.

Ce cimetière fit place à un marché qui prit le nom de Saint-Joseph, il fut démoli pour faire place à l'hôtel du journal *La France*.

Le cimetière *Saint-Médard* était placé sur la paroisse Saint-Médard, à l'endroit où se trouve actuellement le boulevard Saint-Germain.

En raison des scènes de désordres qui se passèrent dans ce cimetière à cause du diacre Paris, il fut fermé en 1734.

Dans la rue Saint-Bernard, à côté de l'église Sainte-Marguerite, on remarque un mur assez élevé, clos par une grille, c'est l'ancien cimetière de la Paroisse.

Une légende stupide, que quelques-uns persistent encore à propager, voulait que le 10 juin

1795, à sept heures du soir, le Dauphin Louis XVII y ait été enterré dans la fosse commune.

On n'enterre plus dans ce cimetière depuis 1820.

Le cimetière du *Lac Saint-Fargeau* qui desservait Belleville, est fermé depuis 1860.

Le cimetière *Saint-Vincent*, dans la rue de ce nom, à Montmartre, est très ancien, on n'y enterre plus que les gens qui y possèdent un caveau ; après l'assassinat des généraux Lecomte et Clément Thomas, le 18 mars 1871, rue des Rosiers, les deux cadavres furent transportés dans le caveau provisoire.

Le cimetière de *Picpus*, dans la rue de ce nom, fut établi par la commune de Paris pour y enterrer les victimes exécutées à la *Barrière Renversée* (place du Trône). La décision est du 26 prairial an II.

Dans ce cimetière, Lafayette et le comte de Montalembert reposent en compagnie d'André Chénier.

Les familles propriétaires de ce cimetière jouissent du droit de sépulture.

Le cimetière *Saint-Jean* était situé au bout de la rue de la Verrerie ; en 1371, il fut converti en marché, le marché Sainte-Avoie.

Le cimetière *du Calvaire* est accoté à la vieille église de Montmartre Saint-Pierre, c'est la nécropole du faubourg Saint-Germain. On n'y enterre plus que les gens qui y ont des concessions.

On ne sait pas exactement à quelle époque remonte la création des cimetières parisiens, les uns la fixe au ve siècle, d'autres au viie.

Le 7 juin 1765, le parlement de Paris rendit un arrêt par lequel, à partir du 1er janvier 1766, aucune exhumation ne pouvait être faite dans les cimetières de la Capitale, cet arrêt désignait les endroits où chacune des paroisses aurait son cimetière, les curés s'agitèrent de cette mesure qui lésait leurs intérêts, et se liguèrent pour empêcher l'exécution de cet arrêt qui demeura sans effet.

Il est curieux de faire suivre cette nomenclature de ce que coûtait autrefois un enterrement.

1379.

Au sergent du cloître, pour faire la fosse en l'église de Paris et pour tous droits à lui appartenant.... . 40 sous.

Au juré, maçon de l'église de Paris pour massonner ladicte fosse, lever et asseoir les pierres plates dessus et pour plâtre et main d'œuvre...... .... 112 sous 8 deniers.

A Jehan de Luaz et Oudin Mouton, herbiers et apoticaires, pour appareiller et mettre à point le corps.. 8 livres.

Toile pour envelopper le corps............. 35 sous.

Cercueil.............................. 20 sous.

(Ledit cercueil tout revestu en la manière accoutumée.)

1664.

Au curé.

Droits curiaux......................	20^l
Pour l'assistance de 45 prêtres...	67^l 10^s
Pour les enfants de chœur.......	3
Pour le sacristain...............	5
Pour les deux prêtres qui ont veillé un jour auprès du corps.......	6
Pour les droits du sacristain.....	6
Pour un prêtre qui a veillé une nuit...........................	3
Pour les 4 porteurs qui ont porté le corps......................	6

Aux marguilliers.

Pour le droit d'ouverture de la fosse dans l'église............	100
Pour les beaux ornements à lames d'argent pour le grand autel, durant le service............	18
Pour la grosse sonnerie..........	10
Pour les beaux parements pour la chapelle des dames..........	6
Pour 24 chandeliers d'argent, croix et bénitier et autres argenteries	20
Pour les beaux poêles à larmes d'argent......................	40
Total......	280^l 10^s

280^l 10^s

Comme on le voit, ce n'était pas donné ; ces Messieurs ne travaillaient pas *gratis pro Deo.*

FIN

TABLE DES MATIÈRES

Arcis-sur-Aube. — Typ. L. Frémont.

EXTRAIT DU CATALOGUE

DE LA

LIBRAIRIE A. CHARLES

8, rue Monsieur-le-Prince, 8

PARIS

Chaque ouvrage porté sur ce Catalogue sera expédié *franco à domicile* en France, en Algérie et dans tous les pays de l'Union postale, à toute personne qui en aura envoyé le prix en un mandat-poste.

EXTRAIT DU CATALOGUE

DE LA

LIBRAIRIE A. CHARLES

8, Rue Monsieur-le-Prince, 8

PARIS

D'Aigremont (Paul). — Mère inconnue. 1 vol. in-12. . . . . 3 »

Amiel (L.-R.) — Lettre à M. Berthelot, membre de l'Institut. 1 vol. in-12. . . . . » 75

D'Argis (Henri). — L'éducation conjugale. Jolie couverture en couleurs de Léon Ruffe, frontispice de H.-G. Ibels. 1 vol. in-12. . . . . 3 50

D'Argis (Henri). — Gomorrhe, roman passionnel, in-12. . . . . 3 50

D'Argis (Dr H.). — Thèse pour le Doctorat en médecine. — De la péricardite blennorrhagique. 1 vol. in-8° 3 50

Audhoui (Victor), médecin de l'Hôtel-Dieu et du Ministère des Affaires étrangères. — Du Nettoiement des voies digestives. Polémiques et méditations, les préceptes, avec 4 planches. 1 vol. in-12. . . . . 3 50

Bégis (Alfred), *de la Société des Amis des livres*. — Billaud-Varenne, membre du Comité du salut public. Mémoires inédits et correspondance accompagnés de notices biographiques sur Billaud et Collot d'Herbois, précédés de deux portraits. 1 vol. in-8°. 7 50

Belleval (Marquis de). — Monsieur l'Abbé, mœurs contemporaines. 1 vol. in-12. . . . . 3 50

Belleval (Marquis de). — Récits de mon aïeul. 1 vol. in-12. . . . . 3 50

Belleval (Marquis de). — La Cuirassière. 1 vol. in-12. . . . . 3 50

Bernard (Louis). — L'Antisémitisme démasqué. 1 vol. in-12. . . . . 3 50

Billard (E), avocat à la Cour d'appel de Paris. — Léon XIII et le désarmement. 1 vol. in-8" 1 50

Billard (E.). — Jeanne d'Arc. Trilogie (dite par M. Jean Sarter et Mlle Emilienne Dux du Théâtre national de l'Odéon). Poëme couronné par la Société Nationale d'Encouragement au Bien. Médaille d'honneur de la Société, Premier Prix offert par M. le Ministre de l'Instruction publique et des Beaux-Arts. Brochure de luxe in-8°. 2 »

Ode. — Au Drapeau. — Poëme dit par Paul Mounet. In-8°. . . . . 1 »

Bonniol (Pierre). — Jeune Martyre. — Episode dramatique de la guerre franco-allemande en vers. Une brochure in-12. . . . . » 60

Cabanès (D^r). — Le Cabinet secret de l'histoire entr'ouvert par un médecin. 1 vol. in-12. . . . . 3 50

Carrère (Jean). — Ce qui renaît toujours, poésies. Un volume in-12. . . . . 3 50

Charriaut (Henri). — Enquête sur la décentralisation. Opinions de MM. de Marcère, Jules Simon, P. Deschanel, Frédéric Mistral, P. Bourget, Flourens, Tony Révillon, etc. in-8°. . . . . 1 »

A. Chérest. — Le Bilan de la Commune. In-8°. . . 2 »

Cyon (E. de). — Monsieur Witte et les finances russes. 1 vol. in-8°. . . . . 3 »

Cyon (E. de). — Les finances russes et l'épargne française. Réponse à M. Witte. 1 vol. in-8°. 1 50

Cyon (E. de). — Histoire de l'entente franco-russe 1886-1894. Documents et souvenirs avec un portrait de Katkof. 1 vol. in-8°. 7 50

Delory (l'abbé). — Solution de la question sociale. 1 vol. in-12. . . . . » 60

Delory (l'abbé). — La politique et ses principes. 1 vol. in-8°. . . . . 5 »

Denancy (Edgard). — Jacques de Nervas. 1 vol. in-12. . . . . 2 50

Despontières (René). — Apprentissage d'amour. 1 vol. in-12. . . . . 3 50

Destelan (Commandant Picard). — Politique internationale, Guerre ou Paix. 1 vol. in-8°. . . . . 1 »

Devillers (H.). — Les Frissons, poésies, volume de luxe avec une eau-forte de H. Boutet. 1 vol. in-12. . . 5 »

Droitesenté (Georges de). — Histoire véritable de Théodoric II, roi des Ostrogoths. 1 vol. in-12. . . . . . 3 50

Dunod. — Le Congo français. 1 vol. in-8°. . . . . . 1 »

Duruy (Jean). — Marco Violla. 1 vol. in-12. . . . . 3 50

Duruy (Jean). — Place aux forts. 1 vol. in-12. . . . 3 50

Dupas. — Pourquoi n'a t-on pas pu arrêter Arton. 1 vol. in-12. . . . . 3 50

Erasme et Pages de Noyez. — Nos sous-officiers, roman patriotique. 1 vol. in-12. . . . . 3 50

L'Ermitage. — Revue mensuelle politique et littéraire. Le numéro. . . . . » 80

L'Europe Illustrée. — Collection de guides pour voyages. Le numéro. » 50

Feuillette (R. P.). — Panégyrique de Jeanne d'Arc. 1 vol. in-8°. 1 »

Frémont (P.). — Abd Ul Hamid et son règne, par un ancien fonctionnaire Ottoman. Vérité sur la situation morale de la Turquie. 1 vol. in-8°. . . . . 2 »

France Album. — La France par arrondissements. Le numéro. . . . . » 50

Garmier (Jules). — Le Grand Méhu. 1 vol. in-12. . 3 50

Gazeau de Vautibault. — Orléans et Chiappini, avec

reproduction du jugement d'Italie en vertu duquel les
d'Orléans sont judiciairement et légalement reconnus
comme des descendants du geôlier Chiappini, 1 volume
in-16.   2   »

Gazeau de Vautibault. — Les d'Orléans au Tribunal de
l'Histoire. 7 vol. in-12.   21   »

Gidrol (Comtesse de). — Pleurs et Sourires, poésies. 1 vol.
in-8°. 3 50

Gidrol (Comtesse de). — Echos du cœur. 1 volume in-8°.
. . . .   3 50

Gidrol (Comtesse de). — Cyprès et roses. 1 volume in-8°.
. . . .   3 50

(Martin) **Ginouvier** et le Dr **Genesteix.** — Félix Faure
devant l'histoire. De son berceau à l'Elysée. 1841-1895.
1 vol. in-8°.   3 50

Grandin le Marcheur. — A pied! Le Tour de la Terre.
(Impressions et notes de voyage), ouvrage précédé d'une
préface biographique par Edmond Lepelletier. 1 volume
in-12. . . . .   3 50

Guyard (Etienne). — Histoire du monde, tome 1er. 1 vol.
in-8°. 7 50
— Tome II. 1 vol. in-8°.   10   »

Hamel (Ernest), sénateur. — La maison de Robespierre.
1 vol. in-8°.   1   »

Hamélius (Ernest). — Scènes de la vie des Ardennes.
1 vol. in-12.   1 50

Hardy de Perini (Colonel). — Batailles françaises, première série, 1214-1559. 1 vol. in-12.   3   »

Hœuselmann. — Cours moderne de dessin, 120 planches.
. . . .   30   »

Hœuselmann. — Petit traité d'ornements polychromes,
50 planches coloriées.   8   »

Hœuselmann. — Manuel de poche de l'instituteur pour
l'enseignement du dessin.   4   »

James (Henri). — Rimes violettes. 1 vol. 2 50

Janin (Olga). — Christianisme et démocratie. 1 volume in-12. . . . . 1 »

Jicé (Michel). — Epilogue d'une élection. Récits humoristiques. 1 vol. in-12. . . . . 3 50

Labry (Comte de). — Les conversions des emprunts russes. Plaquette in-8°. . . . : 1 50

Lajeune-Vilar. — Les Coulisses de la presse. 1 volume in-12. 3 50

Lajeune-Vilar. — La Bande Opportuniste. Mœurs et tripotages du monde politique. In-12. . . . . 3 50

Leclerc. — Les sept sages et la jeunesse contemporaine. 1 vol. in-12. . . . . 0 75

Le Natur. — Les mathématiques appliquées aux Beaux-Arts. Principes élémentaires de géométrie. Eléments de perspective. Application raisonnée (60 problèmes). Notions sur la lumière. Réflexion de la lumière, des objets par les eaux, etc., etc. 1 vol. in-8°. . . . . 10 »

Lexpert (Charles). — Nouvelles gauloises. Deuxième édition. 1 vol. in-12. . . . . 3 50

Lexpert (Charles). — Racontars de wagons. 1 volume in-12. . . . . 3 50

Lexpert (Charles). — Mélancolies animales. Deuxième édition. 1 vol. in-12. . . . . 3 50

Lexpert (Charles). — Trois phases : Tendresse, Tristesse, Philosophie (sonnets). 1 vol. in-12. . . . . 3 »

Mabyre (Maxime). — Carte de France au 1/1,000,000° en 8 couleurs en feuille. . . . . 12 »
Collée sur toile. . . . . 14 »

Maire (Charles). — Rimes affranchies. 1 vol. in-16. 3 »

Martin (G.) — Les cantiques impies. 1 vol. in-12. 3 50

Meneau. — L'acquitté. Roman. 1 vol. in-12. . . . 3 50

Meyrat (J.), *attaché à la direction générale des postes et des télégraphes, officier d'Académie*. — Dictionnaire national des communes de France et d'Algérie. Colonies françaises et pays de Protectorat. Postes, télégraphes,

Rouff (Marcel). — La première d'Hernani, à-propos en vers. 1 vol. in-12. . . . . » 50

Sachs (O.). — Un amour dans une maison de fous. 1 vol. in-12. . . . . 2 50

Saint-Saëns. — Note sur les décors de théâtre dans l'antiquité romaine. Une jolie plaquette in-8°. 3 50

Sarrazin (Jehan). — Les Contes du divan. Couverture illustrée, préface par M. Ch. Virmaître, 1 vol. in-12. 3 50

Snoeckie. — L'armée, la politique, les religions. Solutions finales. 1 vol. in-8°. . . . . 1 »

Suzanne (Alf.) — Petite encyclopédie culinaire.
1re série. 150 manières d'accommoder les œufs. . . 1 50
2e série. 100 manières d'accommoder les pommes de terre.
. . . . 1 50
3e série. 150 manières d'utiliser les restes. . . . . . . 2 »

Suzanne (Alf.). — La cuisine anglaise et la pâtisserie. Traité pratique, théorique, historique et anecdotique de l'alimentation en Angleterre, illustré de nombreuses gravures. 1 vol. in-8°. . . . . 8 »

Sylvin (E.). — Lucile Calvon, roman. 1 vol. in-12. 3 50

Tabourier (Ch.). — Impressions, premières poésies. 1 vol. in-12. . . . . 2 »

Théry (Ed.). — La crise des changes. 1 vol. in-12. 3 »

Théry (Ed.). — Histoire générale des grandes Compagnies de chemin de fer. 1 vol. in-12. . . . . 3 »

Thiéry (Victor). — 1794, épisode en vers. 1 volume in-12.
. . . . 1 50

Tourrasse (Léonel de la). — La Vie de Jésus, poème précédé d'une préface de Mgr Fuzet, évêque de Beauvais. 1 vol. in-12. . . . . 1 50

Tourrasse (Léonel de la). — Les tristesses. 2 vol. 7 »

Trachsel (Albert). — Le Cycle. L'auteur a cherché par le Cycle à exprimer par une vision d'Art Totale cyclique, 1° la Symphonie, 2° le Rêve, 3° la Vision. 1 vol. in-12. . 3 50

SAINT-PIERRE DE MONTMARTRE — Avant le Sacré-Cœur.